CADERNOS DE PROCESSO DO TRABALHO
N. 12
TUTELAS PROVISÓRIAS

CADERNOS DE PROCESSO DO
TRABALHO
N. 12
TUTELAS PROVISÓRIAS

Manoel Antonio Teixeira Filho

Advogado — Juiz aposentado do TRT da 9ª Região – Fundador da Escola da Associação dos Magistrados do Trabalho do Paraná — Professor Emérito do Centro Universitário de Curitiba-Unicuritiba – Professor na Escola da Magistratura do Trabalho do Paraná — Membro do Instituto Latinoamericano de Derecho del Trabajo y de la Seguridad Social — do Instituto de Direito Social do Brasil — da *Société Internacionale de Droit du Travail et de la Sécurité Sociale* — do Instituto dos Advogados do Paraná — da Academia Nacional de Direito do Trabalho — da Academia Paranaense de Letras Jurídicas – do Instituto dos Advogados de São Paulo.

CADERNOS DE PROCESSO DO TRABALHO

N. 12

TUTELAS PROVISÓRIAS

De acordo com a Lei n. 13.467/2017 ('Reforma Trabalhista')

EDITORA LTDA.
© Todos os direitos reservados
Rua Jaguaribe, 571
CEP 01224-003
São Paulo, SP — Brasil
Fone (11) 2167-1101
www.ltr.com.br
Agosto, 2018

Produção Gráfica e Editoração Eletrônica: PIETRA DIAGRAMAÇÃO
Projeto de capa: FABIO GIGLIO
Impressão: BOK2

Versão impressa — LTr 6012.3 — ISBN 978-85-361-9780-7
Versão digital — LTr 9436.8 — ISBN 978-85-361-9800-2

Dados Internacionais de Catalogação na Publicação (CIP)
(Câmara Brasileira do Livro, SP, Brasil)

Teixeira Filho, Manoel Antonio

Cadernos de processo do trabalho, n. 12 : tutelas provisórias / Manoel Antonio Teixeira Filho. -- São Paulo : LTr, 2018. "De acordo com a Lei n. 13.467/2017 ('Reforma trabalhista')

Bibliografia.

1. Direito processual do trabalho 2. Direito processual do trabalho - Brasil 3. Tutela provisória I. Título.

18-18876   CDU-347.9:331(81)

Índice para catálogo sistemático:

1. Brasil : Direito processual do trabalho 347.9:331(81)

SUMÁRIO

Capítulo I – Tutela provisória. Comentários ao CPC......................................7

Art. 294...7

Art. 295...9

Art. 296...17

1. Eficácia da tutela provisória...17

Art. 297...20

Art. 298...22

Art. 299...23

2. Competência..23

    2.1.Tutela provisória de urgência antecedente.......................................24

    2.2.Tutela provisória de urgência, incidental...26

    2.3. Particularidades..26

        2.3.1. Autos ainda em primeiro grau...27

        2.3.2. Autos no tribunal, sem distribuição a relator..........................27

    2.4. Tutela provisória e Fazenda Pública..29

Capítulo II – Tutela de urgência. Comentários ao CPC...............................30

Art. 300...30

1. Requisitos para a concessão..30

Art. 301...40

2. O poder geral de cautela do magistrado..41

Art. 302...46

3. Dever de indenizar..46

Seção I – Do procedimento da tutela antecipada requerida em caráter antecedente......48

Art. 303...48

4. Urgência contemporânea à propositura da ação....................................49

Art. 304...63

5. A estabilidade da tutela..63

Seção II – Do procedimento da tutela cautelar requerida em caráter antecedente..........67

Art. 305...67

6. Requisitos da petição inicial......67

6.1. A lide e seu fundamento......67

6.2. Exposição sumária do direito que se visa a assegurar......68

6.3. Perigo de dano......68

6.4. Risco ao resultado útil do processo......72

7. A questão dos pedidos líquidos 77

Art. 306......92

8. A citação do réu......92

Art. 307......97

9. Ausência de contestação......98

10. A efetivação da tutela......122

Art. 308......122

Capítulo III – Da tutela da evidência......131

Capítulo IV – Tutelas provisórias, julgamento antecipado integral do mérito e julgamento antecipado parcial do mérito......135

|Capítulo I|

TUTELA PROVISÓRIA. COMENTÁRIOS AO CPC

Examinemos as disposições do CPC sobre o assunto.

Art. 294. A tutela provisória pode fundamentar-se em urgência ou evidência.

Parágrafo único. A tutela provisória de urgência, cautelar ou antecipada, pode ser concedida em caráter antecedente ou incidental.

Caput. A *tutela provisória* é o gênero, do qual as tutelas *de urgência* e *da evidência* constituem espécies. Conforme salientamos no Capítulo IV, da Primeira Parte, as tutelas de *urgência*, por sua vez, compreendem a *cautelar* e a *antecipada*, podendo ser concedidas em caráter *antecedente* ou *incidental* (CPC, art. 294, parágrafo único).

No final deste Capítulo, elaboramos um organograma referente às tutelas provisórias.

Em termos gerais, o sistema concebido pelo atual CPC, a respeito das *tutelas provisórias*, é o seguinte:

a) Se a *urgência*:

a.a.) for *contemporânea* à propositura da ação principal, o caso é de tutela *antecipada* requerida em caráter *antecedente* (art. 303);

a.b.) *preceder* à propositura da ação principal, utiliza-se a tutela *cautelar antecedente* (art. 305);

a.c.) for *posterior* à propositura da ação principal, far-se-á o manejo da tutela *cautelar incidental* (art. 294, parágrafo único).

b) Se não houver urgência: tutela da *evidência* (art. 311).

Os arts. 294 a 299 contêm disposições gerais sobre a *tutela provisória*, ou seja, de *urgência* e da *evidência*.

As tutelas de *urgência* são regidas pelos arts. 300 a 310, sendo que à *antecipada* requerida em caráter *antecedente* foram dedicados os arts. 303 e 304; à *cautelar* requerida em caráter *antecedente*, os arts. 305 a 310. A tutela da *evidência* é disciplinada pelo art. 311. O CPC não dispôs sobre o procedimento concernente às tutelas de urgência incidentais.

A concessão da tutela de urgência pressupõe: a) a probabilidade do direito (*fumus boni iuris*); b) o perigo de dano (*periculum damnum*); c) risco ao resultado útil do processo (CPC, art. 300). Os pressupostos mencionados nas letras "*a*" e "*b*", retro, são *cumulativos* (há, entre eles, o conetivo *e*); o mesmo se afirme quanto aos mencionados nas alíneas "*a*" e "*c*"; os previstos nas letras "*b*" e "*c*", todavia, são *alternativos* (há, entre eles, o disjuntivo *ou*). Essa observação nos conduz ao seguinte quadro, diante dos casos concretos, com vistas à concessão da tutela de urgência: 1) probabilidade do direito e perigo de dano; 2) probabilidade do direito e risco ao resultado útil do processo. Não se admite, portanto, a ausência do pressuposto representado pela probabilidade do direito.

A propósito, os vocábulos *probabilidade* e *possibilidade* não se confundem, tanto na ordem léxica, quanto na processual. O substantivo *probabilidade* (do Latim *probabilitas*) é sinônimo de *verossimilhança*, de *plausibilidade*, significando aquilo que faz presumir a verdade, que indica o que tende a ocorrer; *possibilidade* (do Latim *possibilitas*) traduz aquilo que pode existir, que pode acontecer. Há, portanto, um elemento sutil, distintivo de ambos os vocábulos: na *probabilidade*, diz-se de algo que *tende* a ocorrer; na *possibilidade*, de algo que *pode* ocorrer. O verbo *tender* possui maior carga de dramaticidade do que o *poder*. Por esse motivo, neste último não cabe o traço da *verossimilhança*.

Efetuada essa distinção conceitual entre a *probabilidade* e a *possibilidade*, devemos lembrar que o art. 300, do CPC, exige a presença do primeiro. Não é suficiente, portanto, para a concessão da tutela de urgência, a mera *possibilidade* de existência do direito.

No comentário ao art. 300, iremos lançar algumas considerações complementares a respeito do requisito da *probabilidade do direito*.

Parágrafo único. O art. 796 do CPC anterior declarava que o procedimento cautelar poderia ser instaurado antes ou no curso do processo principal, acrescentando a equivocada expressão "*e deste (processo principal) é sempre dependente*". O CPC em vigor manteve a regra de que a tutela de urgência, seja cautelar, seja antecipada, pode ser concedida em caráter antecedente (liminarmente ou mediante justificação prévia) ou incidental (art. 300, § 2.º), embora haja abandonado a antiga menção à *dependência* dessas medidas a processo principal. A propósito, a tutela provisória de urgência, antecipada, requerida em caráter antecedente, pode bastar a si, pois se estabiliza (CPC, art. 304, *caput*), significa dizer, prescinde de processo "principal", superveniente.

Uma ponderação: talvez, ocorram, na prática, situações em que se necessite de uma tutela provisória que não seja, em rigor, de urgência (preservação), nem da evidência (satisfação), possuindo, isto sim, caráter tipicamente *conservativo*. Seria o caso, por exemplo, de bens penhorados, que precisam ser conservados, a fim de que não se deteriorem ou não percam a sua funcionalidade. É bem verdade que, em tais casos, o juiz poderia determinar ao depositário ou ao administrador (CPC, art. 159) que promovesse a conservação do bem, sob pena de responder pelos prejuízos que acarretar à parte (CPC, art. 161). Estamos a cogitar, entretanto, do uso de medida cautelar *conservativa* para o caso de o depositário não cumprir a ordem judicial ou de essa ordem não ser dada pelo magistrado.

Dissemos, em linhas anteriores, que a tutela provisória pode assumir caráter definitivo, como aquela a que se refere o art. 304, do CPC. Acrescentemos um outro exemplo. Há situações em que o magistrado condena o réu, digamos, a prestar tratamento de saúde ao autor, enquanto este viver. Não se pode asseverar, de maneira dogmática, que estaremos diante de uma tutela meramente *provisória*, pois esta, compreendendo todo o período de existência do autor, mais se assemelha à *definitiva*. Definitiva, embora condicionada ao fato de o beneficiário continuar vivo.

Enfim, a realidade prática, com sua incomensurável riqueza de situações e de peculiaridades, haverá de demonstrar a existência de outros casos em que a denominada tutela *provisória* possui traços de *definitividade*. É preciso não perder de vista o fato de a vida ser muito mais rica na produção de fatos do que possa ter imaginado o legislador. Conforme lembrou, com propriedade, Oliver Wendell Homes (*The Common Law*), a vida do Direito não foi a Lógica, e sim, a Experiência.

> Art. 295. A tutela provisória requerida em caráter incidental independe do pagamento de custas.

Diz-se que a tutela provisória possui caráter *incidental* quando requerida no curso de um processo. Neste caso, o requerente da medida estará dispensado do pagamento de custas. Aplica-se a regra tanto à tutela de urgência cautelar quanto a antecipada, desde que incidentais.

De qualquer modo, no processo do trabalho, as custas, quando devidas, deverão ser pagas pelo vencido somente após o trânsito em julgado da decisão (CLT, art. 789, § 1.º). Havendo recurso, o pagamento deverá ser feito dentro do prazo para recorrer (idem, *ibidem*).

Estabelece o *caput* do art. 789, da CLT: "Nos dissídios individuais e nos dissídios coletivos do trabalho, nas ações e procedimentos de competência da Justiça do Trabalho, bem como nas demandas propostas perante a Justiça Estadual, no exercício da jurisdição trabalhista, as custas relativas ao processo de conhecimento incidirão à base de 2% (dois por cento), observado o mínimo de R$ 10,64 (dez reais e sessenta e quatro centavos) e o máximo de quatro vezes o limite máximo dos benefícios do Regime Geral de Previdência Social, e serão calculadas: I - quando houver acordo ou condenação, sobre o respectivo valor; (Redação dada pela Lei n. 10.537, de 27.8.2002); II - quando houver extinção do processo, sem julgamento do mérito, ou julgado totalmente improcedente o pedido, sobre o valor da causa; (Redação dada pela Lei n. 10.537, de 27.8.2002); III - no caso de procedência do pedido formulado em ação declaratória e em ação constitutiva, sobre o valor da causa; (Redação dada pela Lei n. 10.537, de 27.8.2002); IV - quando o valor for indeterminado, sobre o que o juiz fixar. (Redação dada pela Lei n. 10.537, de 27.8.2002)".

A alteração introduzida pela Lei n. 13.467/2017 no art. 789, *caput*, da CLT, consistiu, unicamente, em estabelecer um teto para o valor das custas. Esse teto corresponde a quatro vezes o limite máximo dos benefícios do Regime Geral da Previdência Social. As bases de cálculo são as constantes dos incisos I a IV, do art. 789. Seguem inalterados os §§ 1.º a 4.º, desse dispositivo legal, assim como os arts. 789-A e 789-B.

Sempre defendemos a fixação de um teto para as custas, a fim de estabelecer uma necessária simetria com o depósito para recurso, exigido pela art. 899, § 1.º, da CLT.

Com efeito, visando a desestimular a interposição de recursos – nomeadamente, os dotados de caráter protelatório, – o legislador impôs ao empregador a realização de um depósito prévio, em pecúnia; todavia, para não cercear a possibilidade de o empregador ter o direito de submeter a matéria, na qual ficou vencido, a reexame, pelo tribunal, o mesmo legislador estabeleceu um limite para o valor do depósito a ser realizado. Ele construiu, portanto, um sistema equilibrado: de um lado, a imposição do depósito; de outro, a limitação do correspondente valor.

Foi o mesmo equilíbrio que, desde sempre, propusemos às custas processuais. Não fazia sentido, diante de uma condenação, digamos, de R$ 1.000.000,00, o réu depositar algo em torno de R$ 11.000,00, a título de depósito para recorrer, mas ter de pagar R$ 20.000,00 de custas, para a mesma finalidade (recorrer).

Temos, agora, portanto, um equilíbrio entre os sistemas do depósito para recurso e o das custas processuais.

Não sendo líquida a condenação, o juízo arbitrar-lhe-á o valor e fixará o montante das custas processuais (CLT, art. 789, § 2.º).

Sempre que houver acordo, se de outra forma não for convencionado, o pagamento das custas caberá em partes iguais aos litigantes (ibidem, § 3.º).

Nos dissídios coletivos, as partes vencidas responderão solidariamente pelo pagamento das custas, calculadas sobre o valor arbitrado na decisão, ou pelo Presidente do Tribunal (ibidem, § 4.º).

São isentos do pagamento de custas: a) o beneficiário de justiça gratuita; b) a União, os Estados, o Distrito Federal, os Municípios e respectivas autarquias e as fundações públicas federais, estaduais ou municipais, desde que não explorem atividade econômica; c) o Ministério Público do Trabalho (CLT, art. 790-A, caput, e incisos I e II).

A Lei n. 13.467/2017 inseriu os seguintes parágrafos no art. 790, da CLT: "§ 3º É facultado aos juízes, órgãos julgadores e presidentes dos tribunais do trabalho de qualquer instância conceder, a requerimento ou de ofício, o benefício da justiça gratuita, inclusive quanto a traslados e instrumentos, àqueles que perceberem salário igual ou inferior a 40% (quarenta por cento) do limite máximo dos benefícios do Regime Geral de Previdência Social; § 4º O benefício da justiça gratuita será concedido à parte que comprovar insuficiência de recursos para o pagamento das custas do processo".

Aos comentários.

§ 3.º – *Justiça gratuita* e *assistência judiciária* são expressões que não se confundem. A primeira significa a isenção de despesas processuais, como: custas, emolumentos etc., às pessoas que não possuem condições financeiras de as suportar; a segunda traduz o ato pelo qual determinada entidade, pública ou particular, fornece advogado, gratuitamente, para a pessoa que não possui condições de pagar honorários advocatícios, ingressar em juízo.

Na Justiça do Trabalho, tem sido admitida a concessão de gratuidade da justiça também aos empregadores, desde que sejam pessoas físicas. Na Justiça Comum, esse benefício compreende tanto as pessoas físicas quanto as jurídicas (CPC, art. 98, *caput*), cuja atitude está, a nosso ver, em harmonia com o art. 5.º, LXXIV, da Constituição Federal, conquanto esta faça confusa alusão à *assistência jurídica"*, integral e gratuita, *"aos que comprovarem insuficiência de recursos"*. Recursos financeiros, obviamente. A locução constitucional *aos que* significa que o benefício pode ter como destinatário *qualquer pessoa*, seja física, seja jurídica – desde que comprove não possuir condições financeiras para demandar em juízo. Aliás, a expressão constitucional *assistência jurídica* encambulha, a um só tempo, as figuras díspares da *justiça gratuita* e da *assistência judiciária*.

No sistema do processo civil, a gratuidade da justiça compreende (art, 98, § 1.º):

"I — as taxas ou as custas judiciais;

II — os selos postais;

III — as despesas com publicação na imprensa oficial, dispensando-se a publicação em outros meios;

IV — a indenização devida à testemunha que, quando empregada, receberá do empregador salário integral, como se em serviço estivesse;

V — as despesas com a realização de exame de código genético — DNA e de outros exames considerados essenciais;

VI — os honorários do advogado e do perito e a remuneração do intérprete ou do tradutor nomeado para apresentação de versão em português de documento redigido em língua estrangeira;

VII — o custo com a elaboração de memória de cálculo, quando exigida para instauração da execução;

VIII — os depósitos previstos em lei para interposição de recurso, para propositura de ação e para a prática de outros atos processuais inerentes ao exercício da ampla defesa e do contraditório;

IX — os emolumentos devidos a notários ou registradores em decorrência da prática de registro, averbação ou qualquer outro ato notarial necessário à efetivação de decisão judicial ou à continuidade de processo judicial no qual o benefício tenha sido concedido."

Algumas das disposições do art. 98, do CPC, a seguir mencionadas, podem ser aplicadas, *mutatis mutandis*, ao processo do trabalho, a saber:

a) a concessão de gratuidade não exime a responsabilidade do beneficiário pelas despesas processuais e pelos honorários advocatícios decorrentes de sua sucumbência (§ 2.º);

b) se vencido o beneficiário, as obrigações oriundas de sua sucumbência ficarão sob condição suspensiva de exigibilidade e somente poderão ser executadas se, nos cinco anos subsequentes ao trânsito em julgado da decisão que as certificou, o credor comprovar que deixou de existir a situação de insuficiência de recursos, justificadora da concessão de gratuidade, extinguindo-se, passado esse prazo, tais obrigações do beneficiário (§ 3.º).

Na verdade, dispensa-se a incidência desta norma do CPC, pois a CLT possui disposição semelhante: *"Vencido o beneficiário da justiça gratuita, desde que não tenha obtido em juízo, ainda que em outro processo, créditos capazes de suportar a despesa, as obrigações decorrentes de sua sucumbência ficarão sob condição suspensiva de exigibilidade e somente poderão ser executadas se, nos dois anos subsequentes ao trânsito em julgado da decisão que as certificou, o credor demonstrar que deixou de existir a situação de insuficiência de recursos que justificou a concessão de gratuidade, extinguindo-se, passado esse prazo, tais obrigações do beneficiário"* (CLT, art. 791-A, § 4.º);

c) a concessão de gratuidade não afasta o dever de o beneficiário pagar, ao final, as multas processuais que lhe sejam impostas (4.º);

d) a gratuidade poderá ser concedida em relação a algum ou a todos os atos processuais, ou consistir na redução percentual de despesas processuais que o beneficiário tiver de adiantar no curso do procedimento (5.º);

e) conforme o caso, o juiz poderá conceder direito ao parcelamento de despesas processuais que o beneficiário tiver de adiantar no curso do procedimento (6.º);

f) no caso do § 1.º, inciso IX, havendo dúvida fundada quanto ao preenchimento atual dos pressupostos para a concessão de gratuidade, o notário ou registrador, após praticar o ato, pode requerer, ao juízo competente para decidir questões notariais ou registrais, a revogação total ou parcial do benefício ou a sua substituição pelo parcelamento de que trata o § 6.º deste artigo, caso em que o beneficiário será citado para, em 15 (quinze) dias, manifestar-se sobre esse requerimento (8.º);

Não se aplica ao processo do trabalho, porém, o disposto no § 7.º, do art. 98, do CPC.

Pondo de lado o altiplano constitucional, desçamos ao sopé infraconstitucional.

Esta era a *antiga* redação do § 3.º, do art. 790, da CLT:

"É facultado aos juízes, órgãos julgadores e presidentes dos tribunais do trabalho de qualquer instância conceder, a requerimento ou de ofício, o benefício da justiça gratuita, inclusive quanto a traslados e instrumentos, àqueles que perceberem salário igual ou inferior ao dobro do mínimo legal, ou declararem, sob as penas da lei, que não estão em condições de pagar as custas do processo sem prejuízo do sustento próprio ou de sua família".

Do cotejo entre ambas as redações do mesmo preceptivo legal, nota-se que a atual, para efeito de concessão de gratuidade da justiça:

a) substituiu o limite de dois salários mínimos por um limite máximo de 40% dos benefícios do Regime Geral da Previdência Social;

b) eliminou a possibilidade de o benefício da justiça gratuita ser concedido mediante declaração do próprio interessado de que não se encontra em condições de arcar com as despesas processuais sem detrimento pessoal ou familiar.

Constou, a propósito, da Justificativa do Projeto de Lei n. 6.787/2016, posteriormente substituído pelo Projeto de Lei do Senado, n. 38-2017, que viria a converter-se na Lei n. 13.467/2017:

"Um dos problemas relacionados ao excesso de demandas na Justiça do Trabalho é a falta de onerosidade para se ingressar com uma ação, com a ausência da sucumbência e o grande número de pedidos de justiça gratuita. Essa litigância sem risco acaba por estimular o ajuizamento de ação trabalhista.

A assistência jurídica integral e gratuita é um direito assegurado constitucionalmente, porém o texto da Constituição Federal garante essa assistência *aos que comprovarem insuficiência de recursos*" (art. 5º, LXXIV).

A redação sugerida aos §§ 3º e 4º do art. 790 da CLT visa justamente a dar efetividade ao princípio da gratuidade, transcrevendo os termos da Constituição no § 4º, enquanto o § 3º exclui a presunção de insuficiência de recursos, admitida na parte final da redação atual.

Ressalte-se que o objetivo não é dificultar o acesso à Justiça, mas, pelo contrário, torná-la efetiva, evitando-se as ações em que se solicita, e muitas vezes é concedida, a justiça gratuita para pessoas que dela não poderiam usufruir, mediante mero atestado de pobreza. Com essa medida, afastam-se as pessoas que não se enquadram nos requisitos de "pobreza" e se garante que o instituto seja utilizado por aqueles que realmente necessitam".

Na verdade, na redação do § 3.º, do art. 790, da CLT, anterior à Lei n. 13.467/2017, não se falava em atestado de pobreza, e sim, em declaração de próprio punho da parte que desejava obter o benefício da justiça gratuita.

§ 4.º – Acabamos de asseverar que a nova redação dada ao art. 790, § 3.º, da CLT, eliminou a possibilidade de a gratuidade da justiça ser concedida com base em declaração subscrita pelo próprio interessado de que não dispunha de recursos financeiros para suportar as despesas processuais sem sacrifício pessoal ou familiar. Se dúvida havia quanto a isso, ela é dissipada pelo § 4.º, da mesma norma legal, que se refere à *comprovação*, pela parte interessada, de insuficiência de recursos financeiros.

A norma cria, portanto, um ônus formal – e, conseguintemente, uma dificuldade – para a pessoa que desejar ser beneficiária da justiça gratuita, ao substituir a sua informal declaração de próprio punho pela comprovação de insuficiência de recursos financeiros para o pagamento de custas processuais. Cumpre-nos destacar que CPC não exige essa comprovação, admitindo, por força de presunção, ser verdadeira a mera *alegação* feita por pessoa física.

Indagamos, porém: como será feita a *comprovação* da insuficiência de recursos financeiros para o pagamento das custas processuais? Mediante o antigo atestado de pobreza que o legislador procurou banir, conforme vimos na Justificativa do PL n. 6.787/2016?

Seja como for, está prejudicada, em parte, a Súmula n. 463, do TST, assim enunciada: "ASSISTÊNCIA JUDICIÁRIA GRATUITA. COMPROVAÇÃO (conversão da Orientação Jurisprudencial n. 304 da SBDI-I, com alterações decorrentes do CPC de 2015). I – A partir de 26.06.2017, para a concessão da assistência judiciária gratuita à pessoa natural, basta a declaração de hipossuficiência econômica firmada pela parte ou por seu advogado, desde que munido de procuração com poderes específicos para esse fim (art. 105 do CPC de 2015); II – No caso de pessoa jurídica, não basta a mera declaração: é necessária a demonstração cabal de impossibilidade de a parte arcar com as despesas do processo".

No caso de o benefício de gratuidade da justiça ser requerido em fase de recurso, dispõe a OJ n. 269, da SBDI-1, do TST: "JUSTIÇA GRATUITA. REQUERIMENTO DE ISENÇÃO DE DESPESAS PROCESSUAIS. MOMENTO OPORTUNO (inserida em 27.09.2002). I - O benefício da justiça gratuita pode ser requerido em qualquer tempo ou grau de jurisdição, desde que, na fase recursal, seja o requerimento formulado no prazo alusivo ao recurso. II – Indeferido o requerimento de justiça gratuita formulado na fase recursal, cumpre ao relator fixar prazo para que o recorrente efetue o preparo (art. 99, § 7.º, do CPC de 2015)". Consta, ainda, do art. 100, o mesmo Código: "Deferido o pedido, a parte contrária poderá oferecer impugnação na contestação, na réplica, nas contrarrazões de recurso ou, nos casos de pedido superveniente ou formulado por terceiro, por meio de petição simples, a ser apresentada no prazo de 15 (quinze) dias, nos autos do próprio processo, sem suspensão de seu curso. Parágrafo único. Revogado o benefício, a parte arcará com as despesas processuais que tiver deixado de adiantar e pagará, em caso de má-fé, até o décuplo de seu valor a título de multa, que será revertida em benefício da Fazenda Pública estadual ou federal e poderá ser inscrita em dívida ativa".

Lembremos que a gratuidade da justiça, no processo do trabalho, somente será concedida "àqueles que perceberem salário igual ou inferior a 40% (quarenta por cento) do limite máximo dos benefícios do Regime Geral de Previdência Social". A esse respeito, devemos dizer da aplicação supletiva, ao processo do trabalho, do § 2º do art. 99, do CPC: "O juiz somente poderá indeferir o pedido se houver nos autos elementos que evidenciem a falta dos pressupostos legais para a concessão de gratuidade, devendo, antes de indeferir o pedido, determinar à parte a comprovação do preenchimento dos referidos pressupostos".

O ato pelo qual o juiz concede ou denega a gratuidade da justiça possui natureza de decisão interlocutória, razão pela qual não pode ser impugnado, de imediato, por meio de recurso (CLT, art. 893, § 1.º). A impugnação ficará diferida para o recurso que vier a ser interposto da sentença, venha esta a resolver, ou não, o mérito. Não se aplica ao processo do trabalho, portanto, o disposto no § 3.º, do art. 101, *caput*, do CPC, na parte em que prevê a interposição de agravo de instrumento da decisão concessiva ou denegatória desse benefício. Aplica-se, contudo, essa norma do CPC na parte em que admite a interposição de recurso de apelação (ordinário, processo do trabalho) *"quando a questão for resolvida na sentença"*.

Podem ser aplicadas, ainda, supletivamente, ao processo do trabalho as disposições do CPC, pertinentes à matéria, a seguir transcritas:

> Art. 99. O pedido de gratuidade da justiça pode ser formulado na petição inicial, na contestação, na petição para ingresso de terceiro no processo ou em recurso.
>
> § 1º Se superveniente à primeira manifestação da parte na instância, o pedido poderá ser formulado por petição simples, nos autos do próprio processo, e não suspenderá seu curso.

§ 2º O juiz somente poderá indeferir o pedido se houver nos autos elementos que evidenciem a falta dos pressupostos legais para a concessão de gratuidade, devendo, antes de indeferir o pedido, determinar à parte a comprovação do preenchimento dos referidos pressupostos.

§ 3.º (...)

§ 4º A assistência do requerente por advogado particular não impede a concessão de gratuidade da justiça.

§ 5º Na hipótese do § 4º, o recurso que verse exclusivamente sobre valor de honorários de sucumbência fixados em favor do advogado de beneficiário estará sujeito a preparo, salvo se o próprio advogado demonstrar que tem direito à gratuidade.

§ 6º O direito à gratuidade da justiça é pessoal, não se estendendo a litisconsorte ou a sucessor do beneficiário, salvo requerimento e deferimento expressos.

§ 7º Requerida a concessão de gratuidade da justiça em recurso, o recorrente estará dispensado de comprovar o recolhimento do preparo, incumbindo ao relator, neste caso, apreciar o requerimento e, se indeferi-lo, fixar prazo para realização do recolhimento.

Art. 100. Deferido o pedido, a parte contrária poderá oferecer impugnação na contestação, na réplica, nas contrarrazões de recurso ou, nos casos de pedido superveniente ou formulado por terceiro, por meio de petição simples, a ser apresentada no prazo de 15 (quinze) dias, nos autos do próprio processo, sem suspensão de seu curso.

Parágrafo único. Revogado o benefício, a parte arcará com as despesas processuais que tiver deixado de adiantar e pagará, em caso de má-fé, até o décuplo de seu valor a título de multa, que será revertida em benefício da Fazenda Pública estadual ou federal e poderá ser inscrita em dívida ativa.

Art. 101 (...)

§ 1º O recorrente estará dispensado do recolhimento de custas até decisão do relator sobre a questão, preliminarmente ao julgamento do recurso.

§ 2º Confirmada a denegação ou a revogação da gratuidade, o relator ou o órgão colegiado determinará ao recorrente o recolhimento das custas processuais, no prazo de 5 (cinco) dias, sob pena de não conhecimento do recurso.

Art. 102. Sobrevindo o trânsito em julgado de decisão que revoga a gratuidade, a parte deverá efetuar o recolhimento de todas as despesas de cujo adiantamento foi dispensada, inclusive as relativas ao recurso interposto, se houver, no prazo fixado pelo juiz, sem prejuízo de aplicação das sanções previstas em lei.

Parágrafo único. Não efetuado o recolhimento, o processo será extinto sem resolução de mérito, tratando-se do autor, e, nos demais casos, não poderá ser deferida a realização de nenhum ato ou diligência requerida pela parte enquanto não efetuado o depósito.

Não incidem no processo do trabalho, a nosso ver, estas disposições do CPC:

Art. 99, § 3º Presume-se verdadeira a alegação de insuficiência deduzida exclusivamente por pessoa natural.

O art. 790, § 4.º, da CLT, conforme vimos, exige que a parte *comprove* a insuficiência de recursos financeiros. *Comprovar* (CLT) não é sinônimo de *alegar* (CPC).

Art. 101. Contra a decisão que indeferir a gratuidade ou a que acolher pedido de sua revogação caberá agravo de instrumento, exceto quando a questão for resolvida na sentença, contra a qual caberá apelação.

O caráter interlocutório da decisão que concede ou denega a gratuidade da justiça impede, no sistema do processo do trabalho, que dela se interponha recurso de imediato (CLT, art. 893, § 1.º). O recurso (ordinário) será cabível se a concessão ou denegação do benefício advier da sentença.

O TST contém Súmulas a respeito das custas processuais; transcrevamos algumas delas:

• *Súmula n. 25*

CUSTAS PROCESSUAIS. INVERSÃO DO ÔNUS DA SUCUMBÊNCIA. (alterada a Súmula e incorporadas as Orientações Jurisprudenciais n.s 104 e 186 da SBDI-1) - Res. 197/2015 - DEJT divulgado em 14, 15 e 18.05.2015

I - A parte vencedora na primeira instância, se vencida na segunda, está obrigada, independentemente de intimação, a pagar as custas fixadas na sentença originária, das quais ficara isenta a parte então vencida; II - No caso de inversão do ônus da sucumbência em segundo grau, sem acréscimo ou atualização do valor das custas e se estas já foram devidamente recolhidas, descabe um novo pagamento pela parte vencida, ao recorrer. Deverá ao final, se sucumbente, reembolsar a quantia; (ex-OJ n. 186 da SBDI-I) III - Não caracteriza deserção a hipótese em que, acrescido o valor da condenação, não houve fixação ou cálculo do valor devido a título de custas e tampouco intimação da parte para o preparo do recurso, devendo ser as custas pagas ao final; (ex-OJ n. 104 da SBDI-I) IV - O reembolso das custas à parte vencedora faz-se necessário mesmo na hipótese em que a parte vencida for pessoa isenta do seu pagamento, nos termos do art. 790-A, parágrafo único, da CLT.

• *Súmula n. 36*

CUSTAS (mantida) - Res. 121/2003, DJ 19, 20 e 21.11.2003
Nas ações plúrimas, as custas incidem sobre o respectivo valor global.

• *Súmula n. 53*

CUSTAS (mantida) - Res. 121/2003, DJ 19, 20 e 21.11.2003

O prazo para pagamento das custas, no caso de recurso, é contado da intimação do cálculo.

• *Súmula n. 86*

DESERÇÃO. MASSA FALIDA. EMPRESA EM LIQUIDAÇÃO EXTRAJUDICIAL (incorporada a Orientação Jurisprudencial n. 31 da SBDI-1) - Res. 129/2005, DJ 20, 22 e 25.04.2005
Não ocorre deserção de recurso da massa falida por falta de pagamento de custas ou de depósito do valor da condenação. Esse privilégio, todavia, não se aplica à empresa em liquidação extrajudicial. (primeira parte - ex-Súmula n. 86 - RA 69/78, DJ 26.09.1978; segunda parte - ex-OJ n. 31 da SBDI-1 - inserida em 14.03.1994)

• *Súmula n. 170*

SOCIEDADE DE ECONOMIA MISTA. CUSTAS (mantida) - Res. 121/2003, DJ 19, 20 e 21.11.2003

Os privilégios e isenções no foro da Justiça do Trabalho não abrangem as sociedades de economia mista, ainda que gozassem desses benefícios anteriormente ao Decreto-Lei n. 779, de 21.08.1969 (ex-Prejulgado n. 50).

SBDI-1

• 33. DESERÇÃO. CUSTAS. CARIMBO DO BANCO. VALIDADE (inserida em 25.11.1996) O carimbo do banco recebedor na guia de comprovação do recolhimento das custas supre a ausência de autenticação mecânica.

• 158. CUSTAS. COMPROVAÇÃO DE RECOLHIMENTO. DARF ELETRÔNICO. VALIDADE (inserida em 26.03.1999) O denominado "DARF ELETRÔNICO" é válido para comprovar o recolhimento de custas por entidades da administração pública federal, emitido conforme a IN-SRF 162, de 04.11.1988.

SBDI-2

• OJ 148. CUSTAS. MANDADO DE SEGURANÇA. RECURSO ORDINÁRIO. EXIGÊNCIA DO PAGAMENTO (conversão da Orientação Jurisprudencial n. 29 da SBDI-1) - Res. 129/2005, DJ 20.04.2005É responsabilidade da parte, para interpor recurso ordinário em mandado de segurança, a comprovação do recolhimento das custas processuais no prazo recursal, sob pena de deserção. (ex-OJ n. 29 - inserida em 20.09.00)

Art. 296. A tutela provisória conserva sua eficácia na pendência do processo, mas pode, a qualquer tempo, ser revogada ou modificada.

Parágrafo único. Salvo decisão judicial em contrário, a tutela provisória conservará a eficácia durante o período de suspensão do processo.

1. Eficácia da tutela provisória

Caput. O CPC anterior continha disposição semelhante, embora circunscrita ao processo cautelar (art. 807, *caput*).

A norma compreende tanto a tutela provisória de *urgência* quanto a da *evidência*. Embora, por princípio legal, ambas as modalidades de tutela conservem a sua eficácia na pendência do processo, elas podem:

a) a qualquer tempo, ser revogadas ou modificadas por ato do próprio juiz que concedeu a tutela;

b) ser cassadas, no processo do trabalho, por meio de mandado de segurança, se concedidas antes da sentença (TST, Súmula n. 414, II); caso sejam concedidas na própria sentença resolutiva do mérito, poderão ser impugnadas mediante recurso ordinário (*ibidem*, I).

Pode ocorrer que, depois da impetração do mandado de segurança contra o ato do juiz de Vara (que deferiu ou indeferiu a medida tutelar), venha a ser proferida a sentença nos autos originários: nesta hipótese, segundo a mesma Súmula do TST (item III), haverá a perda do objeto do *mandamus*. Sob o rigor da terminologia processual, o que haverá é o desaparecimento do *interesse processual* do impetrante, como uma das condições para o exercício da ação mandamental (CPC, art. 17).

Um esclarecimento deve ser feito: no caso de a tutela *antecipada* ser concedida em caráter *antecedente*, ela se torna *estável* se da decisão concessiva o réu não interpuser recurso (art. 304, *caput*). Somente poderá ser revista, reformada ou anulada por meio de ação autônoma (art. 304, § 2.º), a ser distribuída por dependência (art. 286, I).

Cadernos de Processo do Trabalho n. 12 – Tutelas Provisórias

Parágrafo único. O art. 313 do CPC indica os casos em que o processo será suspenso. São estes:

"I — pela morte ou pela perda da capacidade processual de qualquer das partes, de seu representante legal ou de seu procurador;

II — pela convenção das partes;

III — pela arguição de impedimento ou de suspeição;

IV — pela admissão de incidente de resolução de demandas repetitivas;

V — quando a sentença de mérito:

a) depender do julgamento de outra causa ou da declaração de existência ou de inexistência de relação jurídica que constitua o objeto principal de outro processo pendente;

b) tiver de ser proferida somente após a verificação de determinado fato ou a produção de certa prova, requisitada a outro juízo;

VI — por motivo de força maior;

VII — quando se discutir em juízo questão decorrente de acidentes e fatos da navegação de competência do Tribunal Marítimo;

VIII — nos demais casos que este Código regula".

O art. 314 declara que durante a suspensão é vedada a prática de qualquer ato processual, ressalvando, contudo, a possibilidade de o juiz determinar a realização de *atos urgentes*, com a finalidade de evitar danos irreparáveis. Como é de lei, o juiz não poderá assim agir no caso de estar sendo arguido de impedido ou de suspeito *(ibidem)*.

Pois bem. Mesmo durante a suspensão do processo, a tutela provisória (urgência ou evidência) conserva a eficácia que lhe é inerente (princípio: art. 296, *caput*), salvo se houver decisão judicial em sentido oposto (exceção: art. 296, parágrafo único). Note-se que a norma legal faz referência à *decisão*, não a mero despacho. A decisão deve ser fundamentada (CF, art. 93, IX), requisito que não se exige do simples despacho. Conjugando-se o *caput* do art. 296 com o seu parágrafo, chega-se à conclusão de que, conquanto a tutela provisória conserve a sua eficácia na pendência do processo, inclusive quanto este estiver suspenso, o juiz pode, por decisão, revogá-la ou modificá-la (*"a qualquer tempo"*, diz a lei). Entendemos que essa revogação ou modificação, para revestir-se de regularidade, somente poderá ocorrer se houver *requerimento* da parte interessada; não se permite ao juiz, portanto, agir *ex officio* nessa matéria, mesmo o juiz do trabalho, que possui ampla liberdade na direção do processo (CLT, art. 765). Assim entendemos, porque a lei veda ao juiz a possibilidade de conceder a tutela por sua iniciativa; esta deve ser *requerida* pelo interessado (art. 299). Há, pois, necessidade de solução jurídica simétrica entre o ato de *concessão* e o de *revogação* ou *modificação* da tutela.

Por exceção, pode-se admitir que o juiz do trabalho conceda, modifique ou revogue a tutela quando as partes estiverem atuando sem a representação por advogado, por analogia ao art. 878, *caput*, da CLT, que só permite ao juiz tomar a iniciativa da execução quando as partes estiverem no exercício do *ius postulandi* que lhes atribui o art. 791, da CLT.

Estabelece o art. 1.059, do CPC, que "À tutela provisória requerida contra a Fazenda Pública aplica-se o disposto nos arts. *1.º a 4.º da Lei n. 8.437, de 30 de junho de 1992, e no art. 7.º, § 2.º, da Lei n. 12.016, de 7 de agosto de 2009"*.

A Lei n. 8.437/1992 dispõe sobre a concessão de medidas cautelares contra atos do Poder Público e dá outras providências.

Constam dos seus arts. 1.º a 4.º:

"Art. 1.º Não será cabível medida liminar contra atos do Poder Público, no procedimento cautelar ou em quaisquer outras ações de natureza cautelar ou preventiva, toda vez que providência semelhante não puder ser concedida em ações de mandado de segurança, em virtude de vedação legal.

§ 1.º Não será cabível, no juízo de primeiro grau, medida cautelar inominada ou a sua liminar, quando impugnado ato de autoridade sujeita, na via de mandado segurança, à competência originária de tribunal.

§ 2.º O disposto no parágrafo anterior não se aplica aos processos de ação popular e de ação civil pública.

§ 3.º Não será cabível medida liminar que esgote, no todo ou em qualquer parte, o objeto da ação.

§ 4.º Nos casos em que cabível medida liminar, sem prejuízo da comunicação ao dirigente do órgão ou entidade, o respectivo representante judicial dela será imediatamente intimado. (Incluído pela Medida Provisória n. 2.180 -35, de 2001).

Art. 2º No mandado de segurança coletivo e na ação civil pública, a liminar será concedida, quando cabível, após a audiência do representante judicial da pessoa jurídica de direito público, que deverá se pronunciar no prazo de setenta e duas horas .

Art. 3° O recurso voluntário ou *ex officio*, interposto contra sentença em processo cautelar, proferida contra pessoa jurídica de direito público ou seus agentes, que importe em outorga ou adição de vencimentos ou de reclassificação funcional, terá efeito suspensivo.

Art. 4° Compete ao presidente do tribunal, ao qual couber o conhecimento do respectivo recurso, suspender, em despacho fundamentado, a execução da liminar nas ações movidas contra o Poder Público ou seus agentes, a requerimento do Ministério Público ou da pessoa jurídica de direito público interessada, em caso de manifesto interesse público ou de flagrante ilegitimidade, e para evitar grave lesão à ordem, à saúde, à segurança e à economia públicas.

§ 1.º Aplica-se o disposto neste artigo à sentença proferida em processo de ação cautelar inominada, no processo de ação popular e na ação civil pública, enquanto não transitada em julgado.

§ 2.º O Presidente do Tribunal poderá ouvir o autor e o Ministério Público, em setenta e duas horas. (Redação dada pela Medida Provisória n. 2.180-35, de 2001)

§ 3.º Do despacho que conceder ou negar a suspensão, caberá agravo, no prazo de cinco dias, que será levado a julgamento na sessão seguinte a sua interposição. (Redação dada pela Medida Provisória n. 2.180-35, de 2001)

§ 4.º Se do julgamento do agravo de que trata o § 3o resultar a manutenção ou o restabelecimento da decisão que se pretende suspender, caberá novo pedido de suspensão ao Presidente do Tribunal competente para conhecer de eventual recurso especial ou extraordinário. (Incluído pela Medida Provisória n. 2.180-35, de 2001)

§ 5.º É cabível também o pedido de suspensão a que se refere o § 4o, quando negado provimento a agravo de instrumento interposto contra a liminar a que se refere este artigo. (Incluído pela Medida Provisória n. 2.180-35, de 2001)

§ 6.º A interposição do agravo de instrumento contra liminar concedida nas ações movidas contra o Poder Público e seus agentes não prejudica nem condiciona o julgamento do pedido de suspensão a que se refere este artigo. (Incluído pela Medida Provisória n. 2.180-35, de 2001)

§ 7.º O Presidente do Tribunal poderá conferir ao pedido efeito suspensivo liminar, se constatar, em juízo prévio, a plausibilidade do direito invocado e a urgência na concessão da medida. (Incluído pela Medida Provisória n. 2.180-35, de 2001)

§ 8.º As liminares cujo objeto seja idêntico poderão ser suspensas em uma única decisão, podendo o Presidente do Tribunal estender os efeitos da suspensão a liminares supervenientes, mediante simples aditamento do pedido original. (Incluído pela Medida Provisória n. 2.180-35, de 2001)

§ 9.º A suspensão deferida pelo Presidente do Tribunal vigorará até o trânsito em julgado da decisão de mérito na ação principal". (Incluído pela Medida Provisória n. 2.180-35, de 2001)

Entendemos que o parágrafo 4.º, do art. 1.º, assim como os do art. 4.º, da Lei n. 8.437/1992, que foram incluídos por meio de Medida Provisória são *formalmente inconstitucionais*, porquanto não havia *relevância* e *urgência* (CF, art. 62) capazes de justificar o fato de o Presidente da República usurpar a competência privativa da União (CF, art. 22, I)

A Lei n. 12.016/2009 disciplina o mandado de segurança individual e coletivo, além de dar outras providências.

Estatui o seu art. 7.º, § 2.º: "Não será concedida medida liminar que tenha por objeto a compensação de créditos tributários, a entrega de mercadorias e bens provenientes do exterior, a reclassificação ou equiparação de servidores públicos e a concessão de aumento ou a extensão de vantagens ou pagamento de qualquer natureza".

Art. 297. O juiz poderá determinar as medidas que considerar adequadas para efetivação da tutela provisória.

Parágrafo único. A efetivação da tutela provisória observará as normas referentes ao cumprimento provisório da sentença, no que couber.

Caput. O art. 808, II, do CPC de 1973, dispunha que a eficácia da medida cautelar cessaria no caso de "*não ser **executada** dentro de 30 (trinta) dias*" (destacamos). Sempre discordamos do uso do verbo *executar*, na construção da frase legal, pois esse verbo é próprio do processo de execução. Sugerimos, então, o emprego do verbo *efetivar*, que melhor se ajustaria à natureza e ao escopo do processo cautelar. O art. 297, do CPC de 2015, alude à *efetivação* da tutela.

Efetivar a tutela significa obter os resultados práticos desejados pelo ato concessivo. Com vistas a isso, a norma permite ao juiz adotar as medidas necessárias. A adequação da medida vincula-se não ao resultado prático a que nos referimos, e sim, à própria natureza da obrigação a ser satisfeita: de pagar, de fazer ou não fazer, de entregar coisa.

Parágrafo único. Ao vincular a efetivação da tutela provisória ao cumprimento provisório da sentença, o legislador procurou deixar claro que essa *efetivação*, no que couber:

I — corre por iniciativa e responsabilidade do requente, que se obriga, se a sentença for reformada, a reparar os danos que o executado haja sofrido;

II — fica sem efeito, sobrevindo decisão que modifique ou anule a sentença, restituindo-se as partes ao estado anterior e liquidando-se eventuais prejuízos nos mesmos autos;

III — se a decisão objeto de efetivação provisória for modificada ou anulada apenas em parte, somente nesta ficará sem efeito a efetivação;

IV — o levantamento de depósito em dinheiro e a prática de atos que importem transferência de posse ou alienação de propriedade ou de outro direito real, ou dos quais possa resultar grave dano ao réu, dependem de caução suficiente e idônea, arbitrada de plano pelo juiz e prestada nos próprios autos (CPC, art. 520).

O processo do trabalho não possui figura do *cumprimento da sentença*, e sim da clássica *execução*. É com vistas a essa particularidade que se deve entender a regra do art. 297, parágrafo único, do CPC, ao aludir à maneira como se dará a efetivação da tutela provisória. Convém lembrar que, em tema de execução, o processo do trabalho se rege: a) pelas disposições da CLT; b) pela Lei n. 6.830/1980 (CLT, art. 889); c) pelo CPC (CLT, art. 769) – nessa sequência. A ordem preferencial dos bens penhoráveis, no entanto, é ditada pelo art. 835, do CPC, por força do disposto no art. 882, da CLT.

O art. 139, IV, do CPC, dispõe que o juiz poderá determinar todas as medidas indutivas, *coercitivas*, mandamentais ou sub-rogatórias que forem necessárias para assegurar o cumprimento de ordem judicial, mesmo nas ações que tenham por objeto prestação pecuniária. Articulando-se essa norma com a dos arts. 297, 536 e 537, do mesmo Código, conclui-se que, como providência *coercitiva,* tendente a fazer com que o réu cumpra a decisão concessiva de tutela provisória, o juiz poderá impor-lhe multa (*astreinte*), cujo valor poderá ser majorado ou reduzido, *ex officio* ou a requerimento do interessado (CPC, art. 537, § 1.º).

A multa, que deve ser depositada em juízo, é passível de execução provisória, sendo permitido o seu levantamento somente depois de transitar em julgado a sentença favorável ao autor. Sob a perspectiva das tutelas provisórias, o levantamento da multa ocorrerá quando a decisão concessiva da medida não comportar mais nenhuma impugnação, inclusive, pela via mandamental.

A propósito, os juízes do trabalho, com fundamento no inciso IV do art. 139, do CPC, têm determinado que os devedores entreguem à secretaria do órgão jurisdicional a Carteira Nacional de Habilitação e o passaporte, sob pena de pagamento de multa diária, sem prejuízo de expedição de ordem à Polícia Federal para busca e apreensão dos referidos documentos. Em termos gerais, a jurisprudência tem afastado o argumento de que essa medida implica violação ao direito constitucional de ir e de vir (art. 5.º, XV), e, em razão disso, admitido, em caráter excecional, essa prática, desde que sejam atendidos os requisitos da razoabilidade e da proporcionalidade e que a correspondente decisão judicial seja fundamentada. A Seção Especializada do TRT da 9.ª Região, por exemplo, adotou a OJ n. 47, com este teor: "OJ EX SE - 47: MEDIDAS PARA ASSEGURAR O CUMPRIMENTO DE ORDEM JUDICIAL. APLICAÇÃO DO ARTIGO 139, IV, CPC/15 AO PROCESSO DO TRABALHO. Aplicável ao processo do trabalho o artigo 139, IV, do CPC/15, nos termos dos artigos 765 e 769 da CLT, artigo 15 do CPC e art. 3º, III, da IN 39/15 do TST. Admite-se entre estas medidas a determinação de bloqueio do uso dos cartões de crédito e da vedação de concessão de novos cartões ao executado que não satisfaz voluntariamente a execução ou não indica bens, nem são localizados bens passíveis de garantir a dívida. *Em caráter excepcional, devidamente justificado nas circunstâncias do caso concreto, admite-se também a suspensão da CNH e a retenção de passaporte.* (RA/SE/002/2018, DEJT divulgado em 16.04.2018)". Destacamos.

Mesmo assim, há situações em que a retenção judicial da Carteira Nacional de Habilitação – para cogitarmos apenas dela – poderá configurar ato ilegal ou abusivo, como quando o devedor, comprovadamente, utilizar o seu veículo como instrumento de trabalho. Impedi-lo de trabalhar significa não apenas violação ao inciso XIII do art. 5.º, da Constituição Federal, como até mesmo privá-lo de obter recursos financeiros, com seu trabalho, destinados ao adimplemento das obrigações constantes do título executivo.

> Art. 298. Na decisão que conceder, negar, modificar ou revogar a tutela provisória, o juiz motivará seu convencimento de modo claro e preciso.

Caput. O § 1º do art. 273, do CPC revogado, que dispunha sobre a antecipação dos efeitos da tutela, continha regra semelhante.

Em rigor, a *fundamentação* — a que o texto legal em exame alude como *razões do convencimento* do juiz — da decisão concessiva, denegatória ou revogatória da tutela de urgência ou da tutela da evidência, para além de constituir uma exigência da norma infraconstitucional, traduz uma imposição constitucional, como evidencia o inciso IX do art. 93 da Suprema Carta Política de nosso País. A ausência de fundamentação torna a decisão nula de pleno direito.

Conforme afirmamos na Primeira Parte deste Livro (Cap. III, item 9), o princípio legal da necessidade de fundamentação dos pronunciamentos jurisdicionais possui estreita ligação com os postulados essenciais dos regimes democráticos dos Estados de Direito, aos quais repugna a possibilidade de as pessoas serem submetidas a decisões judiciais arbitrárias, assim entendidas aquelas que refletem não o comando da lei, mas a vontade pessoal do magistrado, influenciada, quase sempre, por motivos de ordem política, religiosa, social, ética, econômica, corporativa, afetiva etc.

Fundamentar uma decisão não significa, necessariamente, indicar os dispositivos legais em que o magistrado se baseou para formar a sua convicção jurídica acerca dos fatos narrados na causa, mas, sim, decidir segundo a lei ou o ordenamento normativo; equivale a afirmar: de maneira não arbitrária.

Somente em casos excepcionais cumprirá ao juiz indigitar as normas legais em que baseou a sua decisão, como ocorreria, *v. g.*, em algumas situações em que o *prequestionamento* da matéria constituísse requisito indispensável à admissibilidade de um recurso (STF, Súmulas ns. 282 e 356; TST, Súmula n. 297) ou de ação rescisória (TST, Súmula n. 298).

Em outras situações, ainda que escassas, é evidente que a decisão deverá apontar a regra legal que lhe serviu de supedâneo, tal como se daria nas ações diretas de inconstitucionalidade, em que ao Supremo Tribunal Federal incumbe declarar qual o dispositivo da Suprema Carta que está sendo violado pela norma infraconstitucional (CF, art. art. 102, I, "*a*").

O único contributo que o art. 298 do CPC terá trazido estará na referência à indicação *clara* e *precisa* das razões do convencimento do juiz, ou seja, da fundamentação da decisão. Para isso, entrementes, não havia necessidade de norma legal, pois os requisitos de clareza e precisão são exigíveis de qualquer pronunciamento do magistrado: despacho, sentença, voto, acórdão e o mais. Os requisitos de clareza e de precisão se vinculam à inteligibilidade da manifestação judicial. Talvez, o legislador estivesse preocupado em evitar o oferecimento de embargos declaratórios fundados em obscuridade. Aliás, em uma interpretação sistemática dos arts. 298 e 489, do CPC, algum leguleio poderia concluir que este último, a despeito do excessivo rigor formal materializado em seu § 1.º, não exigiria que a sentença – como o principal ato do processo – fosse redigida de maneira *clara e precisa*...

No processo do trabalho, a decisão concessiva ou denegatória da tutela de urgência: a) se for proferida no curso do processo principal terá natureza interlocutória, razão pela qual não será recorrível (CLT, art. 893, § 1º), embora possa ser atacada por meio de ação de mandado de segurança; b) se for emitida em caráter antecedente: b.a.) de maneira liminar (CPC, art. 300, § 2.º), comportará a impetração de mandado de segurança; b.b.) por sentença (CPC, art. 303, *caput*), ensejará a interposição de recurso ordinário, pois estará, nesse caso, pondo fim ao procedimento (CPC, arts. 203, 485 e 487).

> Art. 299. A tutela provisória será requerida ao juízo da causa e, quando antecedente, ao juízo competente para conhecer do pedido principal.
>
> Parágrafo único. Ressalvada disposição especial, na ação de competência originária de tribunal e nos recursos a tutela provisória será requerida ao órgão jurisdicional competente para apreciar o mérito.

2. Competência

Caput. A matéria constava do *caput* do art. 800 do CPC revogado.

Estabelecia o art. 800, *caput* daquele Código: "*As medidas cautelares serão requeridas ao juiz da causa; e, quando preparatórias, ao juiz competente para conhecer da ação principal*". Com pequenas nuanças de literalidade, essa disposição era encontrada no art. 682 do Código de 1939.

O legislador do passado incorrera em inescusável erro ao afirmar que as providências cautelares poderiam ser "preparatórias" (*sic*). *Data venia*, as medidas preparatórias, em sua exata conceituação na ordem processual, figuram como requisito necessário ao exercício de certas ações ou procedimentos, como o destinado a constituir o devedor em mora. Não há nelas, conseguintemente, qualquer traço de provisoriedade.

Lançados esses escólios, cumpre-nos enfrentar, a seguir, o multifacetado problema da competência em sede de tutela provisória; para tanto, é imperativo que separemos as tutelas: a) antecedentes; b) contemporâneas; c) incidentais.

2.1. Tutela provisória de urgência antecedente

No caso da medida em questão, é possível cogitarmos de *antecedência* por pressupor, em regra, um processo principal e *futuro*. Podem ser antecedentes as *tutelas de urgência*, sejam de natureza cautelar, sejam de natureza antecipada.

O princípio inscrito no art. 299 do CPC é de que a tutela provisória deverá ser requerida ao juiz da causa; entretanto, quando *antecedente*, será solicitada ao juízo competente para conhecer do pedido principal.

E se a tutela for requerida a juízo *que não seja o competente* para apreciar a causa principal: haverá nulidade do processo caso a tutela seja concedida? A respostas variará conforme se trate de incompetência absoluta ou relativa. No primeiro caso, a nulidade será inevitável.

Mesmo em tema de tutela provisória *cautelar* estaria o juízo absolutamente incompetente impedido de emitir providências destinadas a conjurar situações de manifesto risco de dano a direito do autor? A pergunta, em sua essência, põe em cotejo duas grandes verdades jurídicas representadas, de um lado, pelo veto legal à atuação do juízo absolutamente incompetente e, de outro, pela necessidade de urgência na expedição de medidas cautelares, sob pena de lesão irreparável ou de difícil reparação ao direito ou ao interesse do autor.

A solução aponta para o acatamento às regras de competência. Sem embargo, em que pese ao fato de a providência acautelatória reclamar urgente concessão, para debelar estados de periclitância de direito, não é jurídico que essa premência autorize a desconsiderar-se, por inteiro, as normas legais respeitantes à distribuição binária das competências, em absoluta e relativa. Seja no confronto com a relativa, seja com as medidas cautelares, a preeminência indeclinável é da incompetência *absoluta*, pois o seu substrato jurídico e político é o interesse público na sua soberania.

Houvesse de prevalecer a urgência ontológica das providências cautelares, seríamos levados a presenciar situações tão insólitas quão agressoras das regras de competência, em que um empregado deduziria sua pretensão cautelar perante a Justiça Militar ou a Justiça Eleitoral — tudo em nome da urgência na obtenção da medida. Insistimos em argumentar que os atos decisórios praticados por juiz absolutamente incompetente não se convalidam; e ninguém, por certo, sentir-se-á em boa sombra para afirmar que inexiste conteúdo decisório no ato judicial de outorga da providência acautelatória solicitada pela parte.

Afaste-se, pois, *de lege lata*, a possibilidade de o juízo plenamente destituído de competência conceder medidas dessa natureza; o juiz, aliás, deve conhecer *ex officio* da incompetência absoluta, em atendimento ao comando do art. 64, § 1º, do CPC, que em nenhum instante coloca o conhecimento judicial acerca da incompetência absoluta como *faculdade*, e sim, como inegável *dever*.

Tratando-se, todavia, de incompetência meramente *relativa*, como é a *ratione loci*, incide o preceito do art. 65 do CPC, que prevê a "prorrogação" da competência na hipótese de o réu não a alegar como preliminar da contestação. Colocamos entre as aspas o substantivo *prorrogação* porque, em rigor, a jurisdição não se *prorroga*, e sim, *desloca-se, transfere-se*.

Aqui, como se percebe, não há aquele antagonismo entre duas verdades jurídicas, que sói ocorrer quando se cuida de incompetência absoluta; sendo relativa a competência territorial, e havendo urgência na obtenção da medida cautelar, a conciliação entre ambas se concretiza na escolha, pelo autor, do juízo perante o qual requererá a providência. Algumas situações, contudo, podem, na prática, derivar-se dessa "harmonização". Vejamos.

Se o juiz deferir medida liminar *sem audiência da parte contrária* — ressaltando que não lhe será *lícito* conhecer de *ofício* da incompetência relativa —, o réu poderá, por meio de exceção (CLT, art. 799), arguir a incompetência.

Deixando o réu de arguir a incompetência, desloca-se a competência ao juízo que, a princípio, não a possuía (CPC, art. 65). Esse deslocamento se dá não apenas para efeito de apreciação do pedido de tutela cautelar, se não que também com vistas à apreciação e dirimição da própria causa principal. Estamos sustentando, pois, que o juízo concessor da tutela cautelar, cuja incompetência não foi objeto de arguição, se torna *prevento* para a ação principal, em consonância com a declaração estampada no art. 59, do CPC. Daí decorre que se após fixar-se, por essa forma, a prevenção, o empregador vier, p. ex., a ingressar, no juízo que a princípio seria o competente, com uma ação de consignação em pagamento, poderá o trabalhador (réu nessa ação) oferecer exceção de incompetência *ratione loci*, em decorrência da prevenção estabelecida em favor do juízo que expediu a medida acautelatória. Pensar-se de modo diverso será permitir que o pedido de tutela provisória se processe perante um juízo, e a de mérito, em outro, com incontornáveis problemas de ordem prática, lembrando, *v. g.*, que a extinção do processo principal acarreta a caducidade da medida acautelatória (CPC, art. 309, III).

A solução, que ora alvitramos ao problema de providências acautelatórias jurisdicionais antecedentes requeridas perante juízo relativamente incompetente é a que melhor atende à necessidade de urgência na emissão de tais medidas, sem que isso implique irresponsável abandono das regras determinativas da distribuição das competências. Para aquilatarmos o absurdo a que conduziria uma interpretação servil à literalidade do art. 299 do CPC, merece ser trazida à baila o já antológico exemplo formulado por Lopes da Costa, a respeito da venda de um rebanho, envolvendo pessoas com diferentes domicílios, cujos animais se encontram apascentando em uma região distante. Ciente, o comprador, de que o rebanho está na iminência de ser desviado para outro lugar, seria insensato exigir-lhe que solicitasse a providência no juízo do domicílio do vendedor, para, só depois disso, fazer valer a providência por intermédio de carta precatória: essa imposição faria com que ele corresse o risco de encontrar o seu gado transformado em bife (obra cit., p. 32).

2.2. Tutela provisória de urgência, incidental

Não apresenta maiores dificuldades — práticas e doutrinárias — o exame da competência referente às tutelas: a) de urgência requeridas incidentalmente, ou seja, no curso do processo principal, e b) da evidência, em qualquer caso, pois será competente o juízo da causa principal, como dispõe o art. 299, *caput*, do CPC.

O processo do trabalho repele o princípio da identidade física do juiz (exceto, talvez, para efeito de embargos de declaração), razão por que o magistrado que houver presidido a audiência concernente à tutela provisória (ou mesmo proferido decisão nesses autos) não fica vinculado ao processo principal.

Até esta quadra, discorremos sobre a competência no plano dos órgãos de primeiro grau da Justiça do Trabalho; é de grande relevância para a plena investigação do assunto que cuidemos de verificar, agora, essa competência no âmbito dos tribunais.

Parágrafo único. Estabelecia o art. 800, do CPC revogado: "*Interposto o recurso, a medida cautelar será requerida diretamente ao tribunal*". Interposto o recurso, portanto, a competência para isso seria do tribunal *ad quem*. Note-se que a norma legal em foco se referia à *interposição* do recurso e não à sua *admissibilidade*. Esta é cronologicamente posterior àquela. Afinal, só se pode admitir um recurso que tenha sido interposto. A propósito, é importante esclarecer que se considera interposto o recurso no momento em que a correspondente petição é protocolada no juízo competente. A partir daí, cessa a competência do juízo *a quo* para conceder tutelas provisórias. Interposto o recurso, os únicos atos processuais que lhe são permitidos praticar, depois disso, dizem respeito à admissibilidade, ou não, do próprio recurso, ou à execução provisória da sentença, caso requerida.

No tribunal, a competência para apreciar o pedido de emissão de tutela provisória é, em princípio, do relator do recurso ou da ação originária.

O CPC atual não alterou a regra do passado; apenas a tornou mais clara e abrangente: nas ações de competência originária dos tribunais e nos casos em que os feitos se encontrem nessas cortes em grau de recurso será delas a competência para apreciar requerimentos de concessão de tutelas de urgência ou de tutelas de evidência.

2.3. Particularidades

Até aqui, tivemos em conta o fato de a causa já encontrar-se no tribunal, com distribuição a relator. É sobremaneira importante, para os efeitos práticos e doutrinários, dedicarmos algumas linhas ao estudo do problema da competência cautelar naquelas situações *intersticiais*, ou seja, quando o feito não foi ainda distribuído, ou os autos nem sequer chegaram ao tribunal.

Apreciemos tais situações peculiares, pressupondo que, em todas elas, o juiz já tenha proferido sentença.

2.3.1. Autos ainda em primeiro grau

Poderá acontecer de a tutela de urgência (ou da evidência) necessitar ser requerida quando, apesar de interposto o recurso, os autos ainda se encontrarem em primeiro grau (aguardando, *v. g.*, o decurso do prazo para as contrarrazões ou ultimando alguma providência de praxe).

Entendemos que, neste caso, como a tutela é do tipo *incidental*, deverá ser requerida ao próprio juiz de primeiro grau, pois, nos termos do art. 299, *caput*, as tutelas de urgência ou da evidência serão solicitadas "ao juiz da causa". Enquanto os autos não forem remetidos ao tribunal, o "juiz da causa" é o emissor da decisão recorrida. Imaginar-se que, mesmo nesta hipótese, a competência seria do (futuro) relator, no tribunal, seria conspirar contra as relevantes razões que levaram o legislador a instituir essas modalidades de tutela. Na vigência do CPC de 1973, o que o réu poderia fazer, diante de uma sentença condenatória, seria ingressar com ação cautelar inominada, no tribunal, visando a obter efeito suspensivo ao recurso por ele interposto (TST, Súmula n. 414, I; STF. Súmula n. 635). Com a vigência do CPC de 2015, no entanto, o TST passou a entender, com fundamento no art. 1.029, § 5.º, desse Código, que o efeito suspensivo deve ser buscado por meio de *"requerimento dirigido ao tribunal, ao relator ou ao presidente ou ao vice-presidente do tribunal recorrido"* – reformulando, em razão disso, o item I, de sua Súmula n. 414.

2.3.2. Autos no tribunal, sem distribuição a relator

Inspirados no art. 673 do Código italiano, alguns juristas brasileiros entendiam que se não houvesse norma regimental para a espécie, a competência seria do Presidente da Corte até que se viesse a sortear o relator.

Tínhamos opinião divergente. Argumentávamos que o parágrafo único do art. 849, do Anteprojeto do Código de Processo Civil brasileiro de 1973, atribuía realmente ao Presidente da Corte a competência para emitir medidas acautelatórias quando não houvesse sido ainda sorteado relator. Registre-se, entretanto, o fato de que, ao ser remetido ao Congresso Nacional, o Projeto indicava ter sido eliminada a competência do Presidente do Tribunal. Em termos de CPC brasileiro, portanto, não nos parecia apropriado argumentar sobre esses assuntos, com espeque no Código italiano.

Na precisa lição de Galeno Lacerda, *"não cabe outorgar, em nosso sistema, ao Presidente dos Tribunais atividade jurisdicional sobre medidas cautelares atinentes a causas que lhe escapam por completo à jurisdição (...). Prendê-lo, nestas circunstâncias, ao processo e julgamento de uma lide cautelar incidente constitui ruptura com a lógica dos princípios do sistema. Nem caberia atribuir-lhe competência só para a liminar, devolvendo-se o processo da cautela ao relator, após a distribuição. Repugnaria aos princípios de organização judiciária e de disciplina hierárquica, conceder-se a membro de Câmara ou*

Turma isoladas competência para rever ou reconsiderar ato do Presidente do Tribunal" (*Comentários ao Código de Processo Civil*, v. III, tomo I, Rio de Janeiro: Forense, 2.ª ed., 1981, p. 290/291).

Posteriormente, entra a viger o CPC de 1973, cujo art. 800, parágrafo único, continha a seguinte redação: *"Nos casos urgentes, se a causa estiver no tribunal, será competente o relator do recurso"* (destacamos).

Entrementes, por força da Lei n. 8.952, de 13-12-94, a nova redação do art. 800, parágrafo único, do CPC, passou a ser esta: *"Interposto o recurso, a medida cautelar será requerida diretamente ao tribunal"*. Não mais se falou, pois, que a competência seria *do relator*. Destarte, se os autos do recurso se encontrassem no tribunal, ainda sem sorteio de relator, entendíamos que a competência para apreciar a ação cautelar seria do presidente do tribunal, ou de quem o Regimento Interno indicasse.

Mais uma pergunta se impunha, em tema de tão variados matizes: a competência do presidente do tribunal era plena, significava dizer, alcançava o *julgamento* de ação cautelar, ou restrita, limitando-se à concessão de liminar?

O parágrafo único do art. 800 do CPC não era elucidativo quanto a esse ponto.

Nada obstante as normas *interna corporis* dos tribunais possam dispor a respeito da matéria, os princípios tradicionais, que informam o sistema de distribuição de competências, sugeriam que se outorgasse ao presidente do tribunal competência apenas para conceder, ou não, providências *liminares*, atribuindo à Turma ou Câmara, conforme fosse a denominação que se adotasse, a competência para *julgar a ação cautelar*. A regra, ademais, era de boa lógica, pois não seria recomendável que o presidente do tribunal usurpasse a competência que era, essencialmente, do órgão colegiado, fracionário ou não.

Esse nosso ponto de vista subsiste em face do atual CPC?

Sob certo aspecto, sim.

Para logo, é conveniente observarmos que o parágrafo único do art. 299, do CPC, manteve o princípio fundamental, consagrado pelo parágrafo único do art. 800 do CPC anterior, de que estando o processo do tribunal a tutela provisória (de urgência ou da evidência) *"será requerida ao órgão jurisdicional competente para apreciar o mérito"*.

No âmbito do tribunal, a competência funcional para apreciar o requerimento de concessão dessas tutelas será o relator do processo principal. Se ainda não tiver sido sorteado o relator (digamos que os autos se encontrem no Ministério Público, para exarar parecer) nada obsta a que o próprio presidente do tribunal aprecie o pedido de liminar (quando for o caso), deixando ao relator, mais tarde, a incumbência de conduzir o processo até a inclusão dos autos em pauta para julgamento. Não é aceitável que, nesse interstício, a parte fique sem receber a tutela, designadamente a de urgência, que pressupõe, entre outras coisas, o perigo de dano (irreparável ou de difícil reparação) ou o risco ao resultado útil do processo (CPC, art. 300, *caput*).

Assim, é recomendável que os regimentos internos dos Tribunais do Trabalho contenham disposições acerca da competência do seu presidente (ou do vice) para apreciar pedido de concessão de tutelas de urgência (cautelares ou antecipadas) nesse período a que chamamos de *intersticial,* em que os autos já foram encaminhados pelo juízo *a quo* ao tribunal, mas ainda não foram distribuídos a relator.

2.4. Tutela provisória e Fazenda Pública

É possível a concessão de tutela provisória contra a Fazenda Pública?

Não vemos impedimento legal absoluto quanto a isso.

|Capítulo II|

Tutela de urgência. Comentários ao CPC

Art. 300. A tutela de urgência será concedida quando houver elementos que evidenciem a probabilidade do direito e o perigo de dano ou o risco ao resultado útil do processo.

§ 1º Para a concessão da tutela de urgência, o juiz pode, conforme o caso, exigir caução real ou fidejussória idônea para ressarcir os danos que a outra parte possa vir a sofrer, podendo a caução ser dispensada se a parte economicamente hipossuficiente não puder oferecê-la.

§ 2º A tutela de urgência pode ser concedida liminarmente ou após justificação prévia.

§ 3º A tutela de urgência de natureza antecipada não será concedida quando houver perigo de irreversibilidade dos efeitos da decisão.

1. Requisitos para a concessão

Segundo Humberto Theodoro Júnior, a tutela provisória constitui uma "técnica de sumarização, para que o custo da duração do processo seja melhor distribuído, e não mais continue a recair sobre quem aparenta, no momento, ser o merecedor da tutela" (*Curso de Direito Processual Civil* - Volume I, 57.ª ed., Rio de Janeiro: Editora Forense, 2016, pág. 138).

Em termos gerais, as tutelas de urgência se destinam a assegurar: a) bens; b) pessoas; e c) provas.

Bens. O escopo da tutela, neste caso, está vinculado a duas situações: 1) manter o estado do bem ou 2) assegurar futura execução da sentença. Neste último caso, o manejo da tutela de urgência *cautela*r seria de grande utilidade quando o trabalhador, pretendendo ingressar em juízo, ficasse sabendo que o ex-empregador estaria vendendo todos os seus bens, com a finalidade de frustrar eventual execução de sentença condenatória ao pagamento de quantia certa. A medida cautelar, na hipótese, teria caráter inibitório-preservativo.

Pessoas. Aqui, a tutela visa, por exemplo, à guarda de menores de idade. Esta situação é de remota incidência no processo do trabalho.

Provas. Utiliza-se de medida cautelar para preservar determinado meio de prova, tendo em conta processo futuro. Seria o caso, por exemplo, de alguém que se encontra gravemente enferma, e que se pretenda indicá-la como testemunha; considerando o seu estado de saúde, é provável que quando da realização da audiência referente ao processo principal ela tenha falecido. Diante disso, faz-se uso de medida cautelar, para ouvi-la antecipadamente. Essa era, aliás, uma das situações que, no sistema do CPC de 1973, autorizava o uso da medida cautelar de produção antecipada de prova (arts. 846 a 851). No CPC de 2015, a produção antecipada da prova está incluída no processo de conhecimento (Parte Especial, Livro I) e não compreende os casos que justificam, na vigência do CPC de 1973, a medida cautelar específica (nominada).

Caput. Os pressupostos legais para a concessão de tutela de urgência (cautelar ou antecipada) são:

a) a probabilidade do direito;

b) o perigo de dano (irreparável ou de difícil reparação); ou

c) o risco ao resultado útil do processo.

Antes de passarmos ao exame desses pressupostos, devemos retornar a um ponto importante, que foi objeto de nossa atenção em linhas anteriores. No sistema do CPC de 1973, tínhamos, de um lado, o *processo cautelar* (arts. 796 a 889), e, de outro, a *antecipação dos efeitos da tutela de mérito* (art. 273), cada qual, com seus requisitos específicos. Desse modo, em termos gerais, a concessão de providências de natureza cautelar exigia a presença dos pressupostos do *fumus boni iuris* (aparência do bom direito) e do *periculum in mora* (perigo na demora), ao passo que a concessão da antecipação dos efeitos da tutela pressupunha o "fundado receio de dano irreparável ou de difícil reparação" ou ficar caracterizado "o abuso do direito de defesa ou o manifesto propósito protelatório do réu".

Pois bem. O CPC de 2015 encambulhou, sob a denominação de *tutela provisória*, as medidas cautelares e a antecipação dos efeitos da tutela de mérito, previstas no CPC de 1973, por forma a gerar inevitável confusão conceitual, no plano doutrinário. Alguns juristas procuraram justificar esse sincretismo, por assim dizer, argumentando que o legislador de 2015 quis unificar os conceitos de *proteção* do direito periclitante. *Data venia*, esse argumento não nos convence, pois no caso de tutela da evidência não há nenhum intuito protetivo, bastando ver que a própria norma legal (CPC, art. 311) não exige a presença da probabilidade do direito, do perigo de dano ou de risco ao resultado útil do processo – pressupostos indispensáveis no caso das tutelas *de urgência* (*ibidem*, arts. 300 e 305).

Podemos concluir, portanto, que o legislador de 2015 foi *confusionista de conceitos*.

Dediquemo-nos, no passo seguinte, ao exame dos pressupostos para a concessão da *tutela de urgência* (CPC, art. 300).

Probabilidade do direito. Na vigência do CPC de 1973, sustentamos, em harmonia com a manifestação doutrinária predominante, que a *probabilidade do direito* (*fumus boni iuris*) – expressão característica do processo cautelar – se referia, não ao direito material, e sim, ao direito ao processo. Escrevemos:

> "Estabelecido que o juiz, diante de um pedido de providência cautelar, não adentra no exame da matéria a ser objeto de eventual processo principal (*se* este for o caso), vale dizer, não prejulga o mérito, não acerta a lide, ainda

Cadernos de Processo do Trabalho n. 12 – Tutelas Provisórias   **31**

que provisoriamente, o que se deve entender pela expressão *fumus boni iuris*, em sede cautelar?

A solução do problema está diretamente relacionada com *a finalidade* do processo cautelar (...). É necessário antecipar, todavia, que sob o aspecto finalístico esse processo, via de regra, se destina à tutela do processo principal, nunca do direito material.

Com efeito, sendo o processo (*lato sensu*) o método, a técnica, o instrumento de que se utiliza o Estado para solucionar os conflitos de interesses ocorrentes entre os indivíduos, é compreensível que o mesmo Estado se preocupe em assegurar à parte *o direito ao processo*, ao *due process of law*, como exigência dos tempos atuais. Desvenda-se, então, a finalidade do processo acautelatório: tutelar o processo principal, particularidade que motivou a que certos autores qualificassem o primeiro de 'instrumento do instrumento'.

Os que veem no processo cautelar o objetivo de proteger o direito material, de compor provisoriamente a lide, não conseguem perceber que o interesse do indivíduo quanto ao processo é diverso do seu interesse concernente à *res in iudicio deducta*. O que se deve colocar adiante, no processo cautelar, é o interesse *no processo principal*, exceto se insistirmos no equívoco de supor que o direito de ação é sinônimo de sentença *favorável* ao autor, como se aquele não pudesse ser reconhecido sem que existisse um direito material.

O que o indivíduo pretende, portanto, ao deduzir uma pretensão cautelar, é ver assegurado o regular desenvolvimento do processo principal de que se valerá o Estado-Juiz para compor a lide, é ver garantido, na amplitude das suas manifestações, o próprio direito de ação. No mesmo sentido, o parecer de *Ronaldo Cunha Campos*, para quem 'Se o processo cautelar tem por fim tutelar o processo, o que se acerta no seu decorrer é a existência de ameaça ao direito da parte ao processo, isto é, ao direito de ação, que não se confunde de forma alguma com o direito subjetivo material' (*Estudos de Direito Processual*, Uberaba: 1974, págs. 128/132).

É à luz das conclusões aqui extraídas que devemos compreender o requisito para a validade de petição inicial cautelar, contido no inciso IV do art. 801 do CPC, segundo o qual o requerente pleiteará a medida em petição escrita, que indicará 'a exposição sumária do *direito ameaçado e o receio de lesão* (*As Ações Cautelares no Processo do Trabalho*, São Paulo: Editora LTr, 2005, 5.ª edição, págs. 136/137).

Conquanto, agora, os tempos sejam outros, não vemos razão jurídica para deixar de afirmar que o escopo das tutelas de urgência, em princípio, é a defesa do *direito ao processo*, e não, do *direito material*. Essa nossa convicção tanto mais se acentua diante da expressão: *risco ao resultado útil do processo*, utilizada na redação dos arts. 300 e 305, do CPC.

Embora a finalidade da tutela cautelar não seja a defesa do direito material, há situações excepcionais em que o magistrado deve lançar os olhos em direção a esse direito. Dentre essas situações, podemos mencionar:

a) o da tutela de urgência antecipada, requerida em caráter antecedente, tornar-se (CPC, art. 304), tornar-se *estável*, em virtude de a decisão concessiva não haver sido impugnada (por ação mandamental, no processo do trabalho). Neste caso, a tutela antecipada substitui a tutela final (CPC, art. 303, *caput*);

b) o pedido de mérito que esteja em confronto com súmula vinculativa do STF (CF, art. 103-A);

c) a rejeição liminar do pedido que contrariar:

I — enunciado de súmula do Supremo Tribunal Federal ou do Superior Tribunal de Justiça;

II — acórdão proferido pelo Supremo Tribunal Federal ou pelo Superior Tribunal de Justiça em julgamento de recursos repetitivos;

III — entendimento firmado em incidente de resolução de demandas repetitivas ou de assunção de competência;

IV — enunciado de súmula de tribunal de justiça sobre direito local (CPC, art. 332);

d) o fato de o juiz verificar, desde logo, a ocorrência de decadência ou de prescrição (CPC, art. 332, § 1.º).

Além disso, não nos esqueçamos que há pedidos considerados *juridicamente impossíveis*, que, por esse motivo, não podem ser acolhidos pelo pronunciamento jurisdicional. Tratando-se de pedido dessa espécie, cumprirá ao juiz, nos autos da tutela de urgência, indeferi-la, porquanto não estará caracterizada, aqui, a *probabilidade do direito* (material), a que se refere o art. 300, *caput*.

Por tudo isso, é que afirmamos, há pouco, que, *em princípio*, a finalidade das tutelas de urgência reside na defesa do *direito ao processo*, embora, em determinadas situações seja justificável – ou, até mesmo, indispensável – a utilização dessas tutelas com o objetivo de empreender a defesa do próprio direito material periclitante.

No terreno das tutelas *da evidência* há, quando menos, uma situação em que a defesa do direito material é inequívoca: está no inciso IV, do art. 311, do CPC: quando a petição inicial estiver instruída com prova documental suficiente dos fatos constitutivos do direito do autor (a que o réu não haja oposto prova capaz de gerar dúvida razoável).

Perigo de dano. Já nas obras de Chiovenda se capta a preocupação do grande jurista europeu em demonstrar os riscos de danos a que ficam submetidos os litigantes, desde o ingresso em juízo até a efetiva composição da lide, considerando-se que o processo, assim como as ações humanas em geral, é marcado pela *temporalidade*. Na visão objetiva de Chiovenda, o juiz, ao proferir a sentença, deve procurar fazê-lo como se estivesse decidindo no momento da própria "propositura" da ação, pois as consequências na demora da solução do litígio não podem ser suportadas por aquele que invocou a tutela jurisdicional do Estado.

Efetivamente, se o Estado moderno tornou defesa a autotutela de direitos subjetivos, ou seja, impediu o indivíduo de realizar justiça pelas próprias mãos (*exercício arbitrário das próprias razões*: Código Penal, art. 345) e avocou, em caráter monopolístico, o encargo de dirimir os conflitos de interesses, é elementar que constitui um seu dever criar condições para que a tardança na dirimição desses conflitos não ocorra em prejuízo dos direitos ou interesses de quem provocou o exercício da função jurisdicional. A Hugo Alsina não passou despercebida essa particularidade: "*Si el Estado al asumir la función de administrar justicia prohibe e los individuos la autodefensa de sus derechos, no puede, en situaciones como las enunciadas, desentenderse de las consecuencias de la demora que necesariamente ocasiona la instrucción del proceso, y debe por tanto proveer las medidas necesarias para prevenilas, colocándolas en manos del juez u los litigantes. Tales son las llamadas medidas precautorias*" (*Tratado teorico e practico de derecho procesal civil y comercial*. 2. ed. Buenos Aires: Bibliográfica Argentina, 1963, v. 5, p. 447 e seguintes).

Como sabemos, dentre os princípios informativos do processo está o da *celeridade* na entrega da prestação jurisdicional invocada (CF, art. 5.º, LXXVIII). É bem verdade que, em tema de processo do trabalho (para falarmos apenas dele), esse princípio se encontra reduzido a mero *anseio*, pois a solvência dos conflitos entre trabalhadores e empregadores tem sido feita em espaço de tempo muito superior ao desejável — sem que os juízes possam ser responsabilizados por essa lentidão. Considerando que não há possibilidade prática de reduzir o tempo de emissão da sentença de mérito — pois o congestionamento judiciário é crescente —, instituíram-se as tutelas de urgência, que correspondem, assim, não apenas ao instrumento eficaz de que se pode socorrer a parte para evitar as consequências deletérias da demora na composição da lide, mas a um vivo exemplo de que, em concreto, a celeridade do procedimento (principal) está reduzida a simples anelo de todos.

As providências de urgência representam, em última análise, uma expressiva contraposição ao mito da celeridade procedimental, de que tanto ouvimos falar pela linguagem quase retórica da doutrina nacional, com os olhos postos no processo do trabalho. Dentro dessa mesma relação, é possível vaticinarmos que se, em futuro, tal celeridade tornar-se real, efetiva, terão cessado, em grande parte, as razões de fato e de direito que hoje justificam a existência das tutelas de urgência. Conforme deixamos registrado em outras linhas, o grande desafio que se apresenta ao legislador do futuro consiste em encontrar um ponto de equilíbrio entre duas disposições constitucionais contrastantes entre si: a alusiva ao *princípio da celeridade processual* (CF, art. 5.º, LXXVIII) e a referente à *garantia da ampla defesa* (CF, art. 5.º, LV).

Lembra Castro Villar que o perigo na demora não deve ser entendido como o perigo genérico de dano jurídico, mas especificamente, "*o perigo de dano posterior, derivante do retardamento da medida definitiva*" (*Ação cautelar inominada*. Rio de Janeiro: Forense, 1986. p. 17).

É de grande importância para o assunto verificarmos, em seguida, qual deve ser a atitude do juiz na apreciação do requisito do perigo de dano, derivante da demora da solução definitiva da lide (mérito).

Realçando o nosso entendimento de que na avaliação de um pedido cautelar o juiz não pode ingressar no mérito da causa (exceto nas situações que apontamos), devemos dizer que na apreciação do alegado *periculum in mora* ele deve ater-se aos fatos relacionados a esse pressuposto. Segundo o magistério de *Liebman*, o perigo na demora não é uma relação jurídica, traduzindo-se, isto sim, numa situação de fato, complexa e mutável, da qual o juiz extrairá dos elementos de probabilidade acerca da iminência de um dano ao direito da parte (*Unidade do procedimento cautelar. In: Problemi, apud* VILLAR, Castro, obra cit., p. 18) — direito ao processo e não direito material, insistimos em esclarecer.

Adverte Lopes da Costa que o dano deve ser *provável*, não sendo suficiente para a concessão da medida a *possibilidade* ou a *eventualidade* de dano, justificando que *"possível é tudo, na contingência das cousas criadas, sujeitas à interferência das forças naturais e da vontade dos homens. O possível abrange assim até mesmo o que rarissima-mente acontece. Dentro dele cabem as mais abstratas e longínquas hipóteses. A probabilidade é o que, de regra, se consegue alcançar na previsão. Já não é um estado de consciência, vago, indeciso, entre afirmar e negar, indiferente. Já caminha na direção da certeza. Já para ela propende, apoiado nas regras da experiência comum ou da experiência técnica"* (*Medidas preventivas*, 2. ed., Belo Horizonte: 1958. p. 43).

O art. 798 do CPC revogado, que versava sobre o poder geral de cautela do magistrado, dispunha que este poderia determinar providências dessa natureza (embora, conforme já assinalamos, as considerasse, erroneamente, "provisórias") quando houvesse *fundado receio* de que uma parte (errava mais uma vez a lei ao uti-lizar a expressão "antes do julgamento da lide") causasse ao direito da outra lesão grave e de difícil reparação. Além das impropriedades técnicas denunciadas, o texto legal citado incidia no equívoco de supor que a providência somente poderia ser concedida se a lesão ao "direito" (ou interesse) do requerente decorresse de *ato da parte contrária*, como se não fosse possível emitir a providência toda vez que ficasse demonstrado que o dano adviria de *fatos naturais* (inundações, abalos sísmicos e outros fenômenos dessa espécie). Não está em nossos desígnios, todavia, nos fixarmos nas críticas ao enunciado do art. 798 do CPC anterior, e sim, localizarmos nessa norma legal o critério a ser observado, mesmo nos dias atuais, pelo juiz, para efeito de apurar a existência, ou não, do *perigo de dano*.

Sem embargo, o risco de dano, externado pelo solicitante da tutela de urgência, deve ser *fundado*, ou seja, palpável, perceptível, real e não simplesmente imaginário, de modo a permitir uma constatação — o quanto possível — objetiva pelo juiz. A não ser assim, teríamos de admitir que um simples *receio* infundado da parte fosse suficiente para tornar exigível a outorga da tutela. Com *perigo de dano* o legislador atual procurou afastar do campo de apreciação judicial qualquer manifestação meramente subjetiva da parte, de avaliação difícil, imprecisa; quando não, subme-tida ao subjetivismo do próprio juiz.

O perigo de dano não deve, por isso, ser produto de um capricho ou sentimento meramente pessoal da parte, se não que de concreto e justificado temor de dano, de tal modo que o juiz não fique em dúvida quanto a isso.

É claro que mesmo regido pela cláusula legal do perigo de dano o magistrado haverá de realizar uma prospecção, ainda que superficial, epidérmica, do perigo alegado pelo requerente. Pondera Alberto dos Reis que nem faria sentido que o juiz, para certificar-se da existência do direito (adapte-se para perigo de *dano*) houvesse de empreender um exame tão longo, tão refletido, como o que há de efetuar no processo principal, de cognição exauriente (*A figura do processo cautelar*, p. 26, *apud* VILLAR, Castro, obras cit., p. 18). É que, nesse caso — arremata o ilustre jurista — o processo cautelar perderia a sua razão de ser: mais valeria esperar pela decisão definitiva (*ibidem*).

A finalidade da tutela de urgência impetra, pois, um conhecimento judicial rápido, sumário, a respeito do perigo, não devendo o juiz impor à parte a prova concreta do dano e sim levar em conta, com vistas à avaliação desse pressuposto, a *probabilidade* de um dano proveniente da demora na composição da lide. Nesse aspecto, portanto, a tutela de urgência é caracterizada por uma *summa cognitio*, que tem por objeto os fatos concernentes ao risco de dano temido pelo requerente. A iminência do dano e a consequente urgência de que a parte necessita na obtenção da providência judicial justificam, plenamente, a sumariedade na apreciação dos fatos — mesmo que, ao final, a sentença venha a denegar a medida solicitada.

Convém acrescentar que a probabilidade de dano, a que nos referimos, não deve ser avaliada — em nome da *summa cognita* que se impõe — de maneira arbitrária pelo juiz, até porque, em nenhum momento, a lei lhe atribui alguma arbitrariedade na prática de seus atos, decisórios ou não. O que a ele se reconhece, em matéria de tutela de urgência, é a *discricionariedade*, que não se confunde com a arbitrariedade. Apreciará o julgador, em face disso, a probabilidade de dano sob o império das regras que informam a sua persuasão racional, donde provém o seu dever de indicar, mesmo que de modo lacônico, os motivos (fundamentos) que influíram na formação do seu convencimento sobre a periclitância do direito do requerente da tutela.

No que respeita ao autor, embora lhe cumpra mencionar, na inicial, as provas que pretende produzir, não se deve pensar que no atendimento a esse ônus ele fique rigidamente atrelado aos preceitos que regem a produção das provas nos processos em geral, em particular, no de conhecimento. Daí vem, que o juiz poderá admitir certos meios de *justificação* dos fatos, mais ou menos livres, reservando-se ao julgador o exame, segundo seu prudente arbítrio, da veracidade das alegações da parte.

Pensamos, contudo, ser absolutamente dispensável a verificação quanto ao surgimento temporal do perigo na demora, para efeito de concessão da tutela de urgência. Não nos parece muito jurídico o argumento de que a medida somente poderia ser emitida se o *periculum* preexistisse ao surgimento da pretensão posta em juízo. A nosso ver, o único requisito que se deve ter em conta é o da existência, ou não, desse perigo ao tempo em que o juiz está para decidir sobre a tutela de urgência pedida. Segue-se, que se o perigo existia antes mesmo de ser invocada a jurisdição, mas na época da prolação da sentença já havia desaparecido, terá deixado de existir o interesse processual (CPC, art. 17) do autor na obtenção da tutela. Em sentido inverso, se à época do ingresso em juízo o perigo inexistia, mas veio a surgir no curso do processo, assegurada estará a viabilidade jurídica para a expedição da tutela (*ibidem*).

Castro Villar também diverge do pensamento doutrinário predominante acerca do assunto: "... *não é verdade que deve sempre o interesse surgir de uma situação posterior ao surgimento do próprio direito. Com o surgimento do direito das partes, a situação então encontrada pode mudar. O tempo é um suceder de fatos e esses fatos mudando — situação anterior de perigo existente anteriormente —, pode autorizar a medida cautelar. A medida cautelar é concedida em face dos fatos que demonstram um perigo da mora. Não importa que a situação de perigo fosse anterior. Se os fatos mudam esse perigo, aumentam-no, não há dúvida que para manter o equilíbrio das partes, o juiz pode conceder a medida cautelar. Também se o requerente da medida não conhecia a situação de perigo anterior, a medida pode ser concedida, sem afrontar a situação de equilíbrio entre as partes. Entra no poder de discricionariedade do juiz, que, para proteger o processo, pode autorizar a medida cautelar que melhor se adapta ao estado de fato. Em suma, o que autoriza a medida cautelar é o perigo da mora, e esse perigo deve ser avaliado em face dos fatos, no momento do pedido da medida cautelar, pouco importando se a situação de perigo já existia. Desde que essa situação tenha se alterado, evidente que a medida cautelar pode ser concedida*" (obra cit., p. 19/20, nota de roda pé n. 42).

Nossa única discrepância da opinião de Castro Villar é quanto ao *momento* em que a presença do perigo deve ser exigida, com vistas à apreciação do pedido de tutela de urgência. Enquanto, para o jurista mencionado, esse momento é o da *formulação* do pedido, pensamos que deve ser o da *apreciação* desse pedido, exatamente porque, como dissemos, pode ocorrer de o receio de dano existir na oportunidade do ingresso em juízo (logo, no momento em que a pretensão cautelar foi deduzida), mas vir a desaparecer no ensejo em que o juiz irá dedicar-se à apreciação (entenda-se: proferir decisão) desse pedido — hipótese em que a tutela deverá ser denegada, porquanto não mais existe o interesse do autor no seu conseguimento.

Risco ao resultado útil do processo. Esta expressão legal deve ser examinada sob dois pontos de vista: a) estatal; e b) privado. *Estatal*, porque, constituindo, o processo, método ou técnica de que se utiliza o Estado para solucionar os conflitos de interesses ocorrentes entre os indivíduos ou as coletividades, esse escopo ficaria, frustrado se o processo não atingisse a sua finalidade, vale dizer, não alcançasse resultado útil, em relação ao qual foi instituído. *Privado*, porque às partes interessa que o processo conduza ao resultado por elas desejado, qual seja, o de tutelar o direito (geralmente, material) alegado. A nenhuma das partes interessa o resultado *inútil* do processo. Pensar-se que isso diga respeito exclusivo ao autor implica uma interpretação estrábica da norma legal, pois também ao réu interessa que o processo alcance o resultado por ele colimado, por forma a evitar-lhe qualquer condenação.

Sempre, pois, que houver risco ao resultado útil do processo, a parte interessada poderá requerer ao juiz a concessão de tutela de urgência, a fim de ser afastado esse risco.

Presentes os requisitos da *probabilidade do direito, do perigo de dano* ou do *risco ao resultado útil do processo*, o juiz, em princípio, não poderá recusar-se a conceder a tutela de urgência. Dissemos: em princípio, porque haverá situações em que, a despeito da presença desses requisitos, o magistrado poderá denegar a tutela, como quando, na tutela *antecipada*, houver perigo de irreversibilidade dos efeitos da decisão concessiva (CPC, art. 300, § 3.º).

§ 1º Houve reprodução parcial do art. 804 do CPC revogado. Se o juiz convencer-se de que a concessão da liminar na tutela de urgência poderá acarretar danos ao requerido, poderá exigir que o requerente preste caução, real ou fidejussória, suficiente para ressarci-lo desses danos.

Desse encargo ficará dispensado o requerente que for economicamente hipossuficiente, ou seja, que não possuir condições econômico-financeiras para prestar caução. Com vistas a isso, será bastante que o interessado alegue a sua hipossuficiência, pois essa alegação é, legalmente, presumida verdadeira (CPC, art. 99, § 3.º, por analogia).

Ocorrendo de o requerente não prestar caução, nem provar que não possui condições econômico-financeiras para prestá-la, isso não corresponde a afirmar que, fatalmente, o juiz deverá indeferir a tutela de urgência por este requerida. É preciso salientar o fato de que a exigência de caução não é obrigatória, inscrevendo-se, ao contrário, no rol das *faculdades* processuais que a lei atribui ao juiz. O verbo *poder*, utilizado na redação do § 1º do art. 300, deixa transparecer essa faculdade.

Esse é o sistema do processo civil. Pergunta-se: o disposto no § 1º do art. 300, do CPC é aplicável ao processo do trabalho?

A caução, de que trata a norma legal em exame, constitui *contracautela*. Em princípio, entendemos que a caução é *incompatível* com o processo do trabalho, mesmo que o requerente não seja hipossuficiente. Segundo o nosso ponto de vista, ao juiz do trabalho cabe, diante de um pedido de concessão de tutela de urgência, adotar uma destas atitudes: a) indeferi-la, se ausentes os pressupostos legais; b) concedê-la, sem exigência de caução, se presentes os mencionados pressupostos.

Nada obsta, contudo, a que a parte, *por sua iniciativa*, preste caução como providência destinada a assegurar-lhe a concessão da tutela de urgência. Caso isso ocorra, a caução poderá ser real (hipoteca, penhor, anticrese etc.) ou fidejussória, representada pela garantia pessoal de quem a oferece (autor, fiador). Como a caução se destina a ressarcir a parte contrária dos prejuízos que esta vier a sofrer pela concessão da tutela, é medida de prudência judicial determinar que o valor a ser caucionado guarde equivalência com o valor estimável do eventual prejuízo. Cumpre ao juiz basear-se, sempre que possível, em elementos *objetivos* para definir essa equivalência.

A caução será prestada nos mesmos autos em que foi solicitada a tutela de urgência, dispensando-se maiores formalidades. Ao juiz incumbirá fixar o prazo para que o requerente preste a caução; desrespeitado esse prazo, o despacho concessivo da caução será revogado.

Uma ressalva: no caso de tutela de urgência, de natureza antecipada, mesmo que a parte se disponha a prestar caução, esta não deverá ser concedida se o juiz ficar convencido da irreversibilidade dos efeitos da correspondente decisão (CPC, art. 300, § 3.º).

O art. 297, parágrafo único, conforme vimos, declara que a *efetivação* da tutela provisória (gênero) observará, no que couber, as normas atinentes ao cumprimento provisório da sentença. Isso significa, entre outras coisas, que o juiz poderá exigir a prestação de caução, para a *efetivação* ("execução") da tutela (art. 520, IV). Esse caucionamento, contudo, não será necessário se já houver caução prestada com base no art. 300, § 1º, que cuida da tutela de urgência (espécie).

§ 2º Se o juiz convencer-se quanto à probabilidade do direito e ao perigo de dano ou ao risco ao resultado útil do processo, poderá conceder, liminarmente, a tutela de urgência sem audiência da parte contrária (*inaudita altera parte*). Caso contrário, fará com que o requerente justifique as suas alegações; com vistas a isso, poderá designar audiência, permitindo, ou não, a participação do requerido, conforme sejam as circunstâncias. A concessão *inaudita altera parte* da tutela não transgride a garantia constitucional do contraditório e da ampla defesa, pois, no caso, o exercício dessa garantia fica *diferido* (adiado) para a fase da contestação (CPC, art. 306), caso haja.

§ 3º A declaração de que a tutela de urgência, de natureza antecipada, não será concedida quando houver perigo de irreversibilidade dos efeitos da decisão foi tomada por empréstimo ao § 3º do art. 273, do CPC anterior, que tratava da antecipação dos efeitos da tutela.

A norma em questão não conflita com o § 1º do mesmo artigo, que permite ao juiz exigir a prestação de caução. Em primeiro lugar, porque no caso de prestação de caução — ressalvado o nosso entendimento de que no processo do trabalho ela não pode ser exigida — não há, em tese, perigo de irreversibilidade da decisão, embora haja risco de dano ao requerido; em segundo, o veto legal à emissão de tutela quando houver perigo de irreversibilidade só incide na tutela urgente de natureza *antecipada*, não na de natureza *cautelar*.

A *irreversibilidade dos efeitos da decisão* concessiva da tutela significa a impossibilidade de a situação de fato e de direito, da causa, retornar ao estado anterior à concessão da medida (*status quo ante*); de ser, enfim, revertida. Nem sempre será fácil, na prática, ao juiz convencer-se se haverá, ou não, de irreversibilidade. Um dos exemplos clássicos de irreversibilidade é o da demolição de prédio de valor histórico, artístico ou arquitetônico. Ou de qualquer edificação, enfim.

Temos uma questão a enfrentar: há antagonismo entre os parágrafos 1.º e 3.º, do art. 300, do CPC? Assim indagamos, porque o parágrafo 1.º, como vimos, atribui ao juiz a faculdade de exigir ao solicitante da tutela a prestação de caução (real ou fidejussória) idônea, destinada a ressarcir os danos que a parte contrária vier a sofrer em decorrência da *concessão* da tutela, ao passo que o parágrafo 3.º proíbe o magistrado de deferir a tutela quando houver perigo de irreversibilidade dos efeitos da decisão concessiva. Por outro modo de expressão: tendo, o autor, prestado caução idônea o juiz poderia negar a concessão da tutela, fazendo uso do argumento da irreversibilidade dos efeitos da decisão concessiva? O tema está aberto à controvérsia. Pelo que nos cabe opinar, devemos dizer que o mencionado parágrafo 3.º constitui um *veto inflexível* à concessão da tutela ("não será concedida", diz, em tom imperativo, a norma legal). Deste modo, se houver perigo de irreversibilidade dos efeitos da decisão ao juiz caberá denegar a tutela. Se, por acaso, o autor houver prestado caução idônea, mas o juiz, posteriormente, convencer-se da referida irreversibilidade, deverá: a) recusar a concessão da tutela, e b) restituir ao autor a caução – fundamentando, por certo, a sua decisão (CF, art. 93, IX).

Sob este nosso ponto de vista, podemos, até mesmo, construir a regra segundo a qual ao juiz somente será lícito exercer a faculdade de exigir caução quando não houver perigo de irreversibilidade dos efeitos da decisão a ser proferida, mas a concessão da tutela possa acarretar danos ao réu. Devemos reiterar, todavia, o nosso entendimento de que a caução, como *contracautela* (CPC, art. 300, § 1.º), é incompatível com o processo do trabalho.

Uma nótula adicional: dissemos que se o juiz se *convencer* quanto à irreversibilidade dos efeitos da decisão deverá negar a concessão da tutela pleiteada. Em princípio, incumbe ao réu produzir a prova da irreversibilidade (pois esse fato é constitutivo do seu direito de não ver deferida a tutela: CLT, art. 818, II), a fim de influir na formação do convencimento jurídico do magistrado. Ao autor será sempre assegurada a garantia constitucional do contraditório. O réu estará dispensado desse ônus quando se tratar de algumas das situações mencionadas no art. 374, do CPC, notadamente, quanto à *notoriedade* do fato.

Art. 301. A tutela de urgência de natureza cautelar pode ser efetivada mediante arresto, sequestro, arrolamento de bens, registro de protesto contra alienação de bem e qualquer outra medida idônea para asseguração do direito.

A norma deve ser examinada sob dois aspectos: a) ao afirmar que a tutela urgente de natureza *cautelar* pode ser efetivada por meio de arresto, sequestro, arrolamento de bens, registro de protesto contra alienação de bem. Dá-se que o arresto somente é previsto, no atual CPC, na execução (art. 830). Não há disciplina do sequestro no corpo do Código. O arrolamento de bens e registro de protesto contra alienação de bem escapam à competência da Justiça do Trabalho; b) ao afirmar que o juiz pode conceder qualquer outra medida idônea, no âmbito da tutela urgente de natureza cautelar "para asseguração do direito". A expressão aspada, a revela a presença do *poder geral de cautela do magistrado*, prevista no art. 798 do CPC anterior, e preservado no sistema do CPC de 2015, embora sem a mesma nitidez do Código de 1973.

Tratando-se de *obrigação*:

a) *de fazer ou de não fazer*, compreendem-se na expressão legal: "qualquer outra medida idônea para asseguração do direito" os casos previstos no art. 536, § 1.º, do CPC: imposição de multa, busca e apreensão, remoção de pessoas e coisas, impedimento de atividade nociva. O juiz não pode, contudo, conceder a tutela de urgência cautelar para o "desfazimento de obras" (também previsto no art. 536, § 1.º, do CPC),

40   Manoel Antonio Teixeira Filho

em razão do disposto no § 3.º, do art. 300, do mesmo Código, que veda a concessão da tutela quando houver risco de irreversibilidade dos efeitos da decisão.

b) *de entregar coisa*, as "medidas idôneas" são as mesmas do art. 536, § 1.º.

c) *de pagar quantia certa*, o juiz pode impor multa cominatória (*astreinte*). Não vemos incompatibilidade dessa sanção pecuniária com a obrigação da mesma natureza. A lei, aliás, contempla essa possibilidade (CPC, art. 523, § 1.º). A astreinte possui caráter *coercitivo*, não se confundindo, pois, com a multa prevista no art. 77, § 2.º, do CLT, de índole marcadamente *punitiva* (*contempt of court*). Ao contrário da multa *coercitiva*, a *punitiva* não tem como beneficiária a parte, e sim, a Fazenda Pública.

2. O poder geral de cautela do magistrado

Sobre o notável *poder geral de cautela* que o sistema processual coloca à disposição do magistrado encontramos ensejo de dedicar algumas páginas em nosso livro "As Ações Cautelares no Processo do Trabalho" (5. ed., São Paulo: LTr Editora, 2005, págs. 157/165), que agora reproduziremos em síntese, depois de adaptá-las ao atual CPC.

O notável Piero Calamandrei, ao discorrer sobre o poder geral de cautela do magistrado, cita um episódio que bem demonstra a importância desse poder: "*O proprietário de um clube noturno de Paris tinha dado o encargo um pintor de decorar a sala de baile com afrescos, que representassem danças de sátiros e ninfas; e o pintor, para aumentar o interesse pela decoração do mural, tinha pensado em dar aos personagens, que nessas coreografias apareciam em vestes superlativamente primitivas, os semblantes, facilmente reconhecíveis, de letrados e artistas muito conhecidos nos clubes mundanos. Na noite da inauguração uma atriz, que fazia parte da multidão dos convidados, teve a surpresa de reconhecer-se em uma das ninfas que dançavam em vestes extremamente sucintas; e, visto que ela considerasse que essa representação fosse ofensiva ao seu decoro, iniciou contra o proprietário do local uma ação civil para condená-lo a apagar a figura ultrajante e ressarcir os danos; e nesse meio tempo pediu que, nas moras do julgamento, lhe fosse estabelecido cobrir provisoriamente aquela parte do afresco que reproduzia a sua imagem em pose impudica*" (*Introdução ao estudo sistemático dos procedimentos cautelares*, trad. de Carla R. Bassi, Campinas: Edit. Servanda, 2000, págs. 78/79, apud Cândido Rangel Dinamarco, *Nova era do processo civil*, São Paulo: Malheiros, 2003, pág. 51).

Conquanto se tratasse, no episódio mencionado por Calamandrei, de uma ação civil, a presença de uma postulação de índole cautelar estava identificada na frase (ou requerimento): "*e nesse meio tempo pediu que, nas moras do julgamento, lhe fosse estabelecido cobrir provisoriamente aquela parte do afresco que reproduzia a sua imagem em pose impudica*". Se não fosse concedida à autora da ação essa medida, por certo a sua vitória, no final da causa, lhe seria de pouca relevância, pois, a despeito de receber a indenização pleiteada, seriam irreversíveis as consequências sociais do fato de diversas pessoas da sociedade local terem visto uma das ninfas estar representada pelo rosto dela.

No CPC de 1939 não havia previsão expressa do poder geral de cautela do juiz, embora certos autores houvessem sustentado a presença deste poder no art. 765 daquele Código, com fundamento em que: a) o precitado artigo (incisos I, II e III) era tradução do art. 324 do Código de Processo Civil italiano, elaborado por Carnelutti, em que a doutrina daquele país reconhecia uma tal espécie de poder; b) a tradição brasileira sempre atribuiu ao magistrado o poder de conceder medidas de segurança antes mesmo de conhecer a ação principal; c) pela lei então vigente, que investia o juiz de especial poder de conceder medidas de cautela, fora dos casos expressamente autorizados em lei.

Qual seria, contudo, a natureza jurídica do poder geral de cautela, que o CPC concede aos magistrados?

Não nos parece correta a atitude adotada por certo segmento da doutrina, consistente em buscar a resposta à indagação ora formulada entre as alternativas de *jurisdicionariedade* e de *discricionariedade*, de tal modo que a adoção de uma delas excluiria, necessariamente, a outra. Se, no campo do direito administrativo, essa separação é necessária, nem sempre o é no processual; a entender-se diversamente, ter-se-ia de concluir que o juiz, nos casos de administração pública de interesses privados ("jurisdição voluntária" [*sic*]), não exerce funções jurisdicionais, o que corresponderia a um intransponível contrassenso. Pensamos, por isso, que o juiz no desempenho de seu poder-dever jurisdicional, possa exercitar atividades onde mais se destaque o conteúdo administrativo dos seus atos, sem que isso implique negativa da existência de um componente jurisdicional.

Definida a nossa posição em face do problema, cremos estar aberta a via à afirmação do caráter essencialmente *discricionário* do poder geral de cautela. *Discricionário*, contudo, não é o mesmo que *arbitrário*; enquanto o primeiro traduz a margem que a lei abre à atuação da vontade do juiz, o segundo, ao contrário, expressa a atuação judicial *fora* da previsão da norma legal, sendo produto, portanto, do arbítrio exclusivo do magistrado.

Ensina Zitelmann, a respeito do assunto que, "*na lei não se contêm, como com tanta frequência crê o não-jurista, decisões concretas dos casos, de tal forma que o papel do juiz se reduzisse ao de um autômato — põe-se o caso e salta a decisão — se não que exige do magistrado valoração independente. Ela só diz aquilo que as regras gerais podem dizer, preservando área indeterminada, a fim de que o juiz tenha espaço bastante para considerar em suas decisões a peculiaridade do caso isolado, cada um deles em nada semelhante ao outro*" (*Las lacunas del derecho*, trad. Espanhola de Lücken im Recht. In: *La ciência del Derecho*, Buenos Aires: Losada, 1949. p. 314/315).

É sabido, porém, que as normas integrantes do devido processo legal (*due process of law*) se destinam a disciplinar, a regrar não apenas a atividade das partes, se não que a própria atuação dos demais sujeitos do processo, dentre eles, em especial, o juiz. Neste último caso, a sujeição do magistrado à imperatividade das normas procedimentais tem o escopo de garantir aos litigantes a necessária *imparcialidade judicial*. Vale ser lembrado o comando do art. 139, do CPC, de acordo com o qual "*O juiz dirigirá o processo conforme as disposições deste Código, incumbindo-lhe: I — assegurar às partes igualdade de tratamento*".

O princípio assente, portanto, é o de que o juiz, no exercício de sua indeclinável função de diretor do processo, deve dispensar às partes um tratamento isonômico e um dos caminhos para isso é a sua fiel obediência às normas relativas ao procedimento legal. Disto decorre que eventual fuga do magistrado a esses preceitos configurará, quase sempre, uma falta contra o dever de imparcialidade, além de render ensejo à arguição de nulidade do procedimento, ou a impetração de mandado de segurança, por parte daquele a quem a imparcialidade do julgador prejudicou.

Dentro do quadro que ora esboçamos, pareceria difícil, pois, aceitar a existência de um poder *discricionário* do juiz. Alguns autores chegam mesmo a sustentar que essa discricionariedade somente ocorreria quando o juiz se lançasse à interpretação de normas jurídicas, com o que pretenderam negá-la como ato de *vontade* deste. Com o devido respeito que nos merece essa corrente de opinião, constitui impropriedade palmar confundir o ato de interpretação de norma legal — que é reconhecido à generalidade das pessoas — com o *poder* de discricionariedade do magistrado, que lhe é exclusivo (não entra em consideração, aqui, a administração pública). A presença desse poder, no processo civil, não é cerebrina; está materializada na literalidade do art. 301, do Código.

Temos, assim, que o mesmo Código que — como é de sua natureza — traça e delimita a atuação do juiz no processo, e deixa-lhe, em alguns momentos, uma certa faixa, um espaço no qual deverá movimentar-se com liberdade, embora dentro dos limites estabelecidos pela própria lei. Essa atuação balizada do juiz põe em relevo o seu poder discricionário, que o exercerá segundo os clássicos critérios de *oportunidade* e *conveniência*.

Observa-se que diante das medidas cautelares específicas, a faculdade do juiz cinge-se à concessão ou ao indeferimento da providência impetrada, cuja tipicidade está prevista em lei (arresto, sequestro, arrolamento de bens etc.) já no caso das inominadas (atípicas), esse ato do julgador vai além da simples concessão ou negativa da medida, pois o Código, além de abrir um vastíssimo leque de providências dessa natureza, consente que o juiz as outorgue sempre que as reputar adequadas — e nesse *julgar* se concentra a sua discricionariedade, em que pese subordinada à iminência de um dano aos interesses do solicitante.

Abriga-se no art. 301 do CPC, conseguintemente, não um dos tantos poderes que o Código atribui, ao longo de suas disposições, ao juiz, na qualidade de reitor do processo; o que aí repousa, em verdade, é um poder extraordinário, amplo, comparável, talvez, ao do pretor romano "*quando, no exercício do imperium, decretava os interdicta*" (LACERDA, Galeno. *Comentários ao Código de Processo Civil*. 2.ª ed. Rio de Janeiro: Forense, 1981. v. III, tomo I, p. 136).

Valem ser reproduzidas, neste instante, as memoráveis palavras proferidas por Galeno Lacerda sobre a discricionariedade do juiz em sede cautelar: "*A notável liberdade discricionária que a lei concede ao juiz para adotar as medidas atípicas mais adequadas para conjurar a situação de aprêmio representa, a nosso ver, o momento mais alto e amplo da criação do direito concreto pela jurisprudência, em sistema codificado, de direito continental, como o nosso. Claro que o juiz não cria, aí, o direito material abstrato. Mas as providências variadas e imprevisíveis, imposta pela força dos fatos, fazem com que os decretos do magistrado assumam o caráter de normas e imperativos concretos de conduta, que significam na verdade, autêntica obra de descoberta e criação singular do direito, emanada do fato, colada ao fato, nascida para o fato. Nesta perspectiva, rasga-se a imagem tradicional do juiz preso e manietado do sistema continental, e dá-se ao juiz moderno dos países codificados o mesmo horizonte criador e novo do pretor romano e dos magistrados anglo-americanos. O diretor cautelar, se nos permitem o neologismo, a todos nivela, aos juízes de todos os tempos e lugares, acima da História e dos sistemas diversificados de elaboração jurídica, numa identidade imposta pelas necessidades permanentes e universais de proteção direta e imediata do homem contra a ameaça, o perigo, o risco, o conflito"* (obra cit., p. 157).

Não é despropositado afirmarmos, em virtude das razões até este ponto expendidas, que o art. 301 do CPC representa autêntica *norma em branco*, que descortina amplos caminhos ao exercício do poder discricionário do juiz; poderá este, para evitar dano à parte contrária, ordenar que o autor preste caução, embora entendamos que essa contracautela seja incompatível com os princípios informativos do processo do trabalho, conforme procuramos demonstrar em linhas anteriores.

A alusão ao processo do trabalho anima-nos a um outro comentário.

Estamos convencidos de que se o processo civil encontrou fortes motivos para conceder ao juiz um poder geral de cautela, o processo do trabalho, *a fortiori*, reclama para os juízes especializados idêntica potestade, *de lege ferenda*. A razão é lógica e se encontra estampada no art. 765 da CLT, que atribui ao magistrado do trabalho *"ampla liberdade na direção do processo"*. Essa amplitude de liberdade, concedida pela lei, justifica não só o impulso oficial do juiz, em relação a determinados atos do procedimento (p. ex., a intimação de testemunhas: art. 825, parágrafo único; o início da execução quando as partes não estiverem representadas por advogado: art. 878, *caput* etc.), mas a própria necessidade de outorgar-lhe, de maneira expressa, um genérico poder de acautelamento, destinado, acima de tudo, a evitar que atos do réu possam causar aos interesses do autor lesões graves e de difícil reparação.

Esse poder geral de cautela, previsto no art. 301 do CPC, penetra o processo do trabalho pelo permissivo do art. 769 da CLT e se ajusta, com absoluta harmonia, à declaração contida no art. 765, do texto trabalhista – circunstância que não deita por terra o nosso desejo de que, no futuro, se outorgue aos juízes do trabalho, mediante lei própria, um poder geral de cautela.

Viemos, até aqui, cogitando de medidas cautelares *requeridas* pelo interessado; é de suma importância verificarmos agora se o juiz pode emitir, *ex officio*, providências inominadas.

A jurisdição — inclusive trabalhista — é presidida pelo princípio da inércia; isto equivale a dizer que o juiz somente estará autorizado a prestar a tutela jurisdicional quando esta for *solicitada* pela parte ou pelo interessado, nos casos e forma legais (CPC, art. 2º). Os arts. 39, *caput*, e 856, da CLT, surgem como destacadas exceções a essa regra, sem que seja lícito supor que a invalidem.

Sendo esse o princípio regente do processo, como método ou técnica de heterocomposição estatal dos conflitos subjetivos de interesses, não encontramos razões para obstar-lhe a incidência nas tutelas provisórias de urgência, de natureza cautelar. A urgência, que sói caracterizar a concessão de providências acautelatórias, em caráter antecedente ou incidental, não justifica a atuação de ofício do magistrado, ao menos como preceito genérico. Afinal, cabe ao indivíduo, *na medida de seu interesse*, ou de sua *necessidade*, deduzir uma pretensão cautelar, com o objetivo de impedir que ato de outrem lhe acarrete danos profundos e de difícil reparação.

Segundo pensamos, a iniciativa do juiz, na expedição de decretos cautelares, representa séria ruptura com o dever de neutralidade, a que está legalmente submetido, possibilitando, com isso, que a "parte" contrária elimine essa anomalia mediante o manejo do mandado de segurança.

Tipificaria o art. 312 do CPC um caso em que a lei autoriza o juiz a agir independentemente de provocação pelo interessado? A norma está assim redigida: "*Durante a suspensão (do processo) é vedado praticar qualquer ato processual, podendo o juiz, todavia, determinar a realização de atos urgentes a fim de evitar dano irreparável, salvo no caso de arguição de impedimento e suspeição*" (destacamos).

As expressões "atos urgentes" e "dano irreparável" permitem inferir que as providências a serem tomadas pelo juiz, com fundamento no art. 312 do CPC, têm natureza algo *cautelar*. A admissão desse fato não corresponde, porém, ao reconhecimento da possibilidade de o juiz agir *sponte sua* na concessão de tutela de urgência, cautelar. Em nenhum momento, a sobredita norma legal lhe confere *iniciativa para agir*. A hipótese, via de consequência, se curva à regra geral que impõe a provocação jurisdicional, pelo interessado (*ne procedat iudex sine officio*).

A resposta definitiva está no art. 299, *caput*, do CPC: a tutela provisória (seja de urgência, seja da evidência) *será requerida* ao juiz da causa; sendo assim, a concessão da tutela depende de iniciativa da parte interessada.

No processo do trabalho, pode-se abrir uma exceção no caso em que as partes estiverem atuando sem a representação por advogado, vale dizer, se encontrarem no exercício do *ius postulandi* que lhes defere o art. 791, *caput*, da CLT. Basta ver que, em situações que tais, o juiz pode, até mesmo, tomar a iniciativa da execução (CLT. art. 878).

No âmbito do TST, entretanto, a Súmula n. 425, desse Tribunal, exige a presença de advogado. Essa Súmula – a despeito das razões de ordem *técnica* que motivaram a sua adoção –, *data venia*, é de duvidosa legalidade, em face do art. 791, *caput*, da CLT, que contém a expressão: "até o final" (da causa). Seja como for, o fato é que, no âmbito do TST, em tema de recurso, é aplicável a regra do parágrafo único do art. 932, do CPC, assim enunciada: "Antes de considerar inadmissível o recurso, o relator concederá o prazo de 5 (cinco) dias ao recorrente para que seja sanado o vício ou complementada a documentação exigível". Sem assim é, no sistema do processo civil, por mais forte razão deverá no do processo do trabalho. Nos casos de competência originária do TST, incidirá a norma do art. 76, do CPC: "Verificada a incapacidade processual ou a irregularidade de representação da parte, o juiz

Cadernos de Processo do Trabalho n. 12 – Tutelas Provisórias **45**

suspenderá o processo e designará prazo razoável para que seja sanado o vício". A propósito, para quem possa ficar em dúvida se o *vício* de que fala o parágrafo único do art. 932, do CPC, se refere à incapacidade processual ou a irregularidade de representação da parte, devemos esclarecer que o mesmo *vício* é mencionado no art. 76, desse Estatuto Processual, ao tratar, exatamente, da incapacidade processual e da irregularidade de representação da parte.

> Art. 302. Independentemente da reparação por dano processual, a parte responde pelo prejuízo que a efetivação da tutela de urgência causar à parte adversa, se:
>
> I — a sentença lhe for desfavorável;
>
> II — obtida liminarmente a tutela em caráter antecedente, não fornecer os meios necessários para a citação do requerido no prazo de 5 (cinco) dias;
>
> III — ocorrer a cessação da eficácia da medida em qualquer hipótese legal;
>
> IV — o juiz acolher a alegação de decadência ou prescrição da pretensão do autor.
>
> Parágrafo único. A indenização será liquidada nos autos em que a medida tiver sido concedida, sempre que possível.

3. Dever de indenizar

Caput. A matéria, com pequenas diferenças, estava disciplinada no art. 811, do CPC de 1973.

O requerente responderá ao requerido pelos danos processuais que a efetivação da tutela de urgência causar a este. Além disso, também responderá pelos prejuízos acarretados ao requerido nos casos enumerados nos incisos I a IV. Embora o preceptivo legal em exame aluda à *efetivação* (o que é correto), e não, à *execução* (o que seria errado) da tutela de urgência, a sua interpretação não pode ser dissociada do parágrafo único do art. 297, do CPC, conforme o qual essa *efetivação* deverá observar as normas concernentes ao cumprimento provisório da sentença, de que trata o art. 520, do mesmo Código.

Tanto o *dano*, quanto o *prejuízo*, a que se refere o *caput* do art. 302, possuem natureza *objetiva*, não dependendo, portanto, de verificação sobre a presença, ou não, do elemento subjetivo (*culpa*). Não fica afastada, contudo, a possibilidade de *o pedido* cautelar haver derivado de comprovada má-fé (CPC, arts. 79 e 80), por parte do autor, caso em que este será condenado, inclusive, *ex officio*, a pagar a multa, a indenização, os honorários de advogado e as demais despesas previstas do art. 81, do CPC.

Inciso I. Sentença desfavorável. Em livro anterior (*Comentários*, pág. 316), dissemos que a *sentença desfavorável* seria a proferida no processo principal, que rejeitou os pedidos formulados pelo autor — requerente —, a quem se havia concedido a tutela de urgência. Mantemos essa opinião. Aliás, o art. 811, do CPC de 1973, em seu inciso I, fazia expressa alusão à sentença proferida no *processo principal*. Queremos, agora, deixar expresso um ponto de vista adicional. Na verdade, como *sentença desfavorável* deve ser entendida, para os efeitos do inciso I, do art. 302, do CPC, *também* a que implica a extinção do processo principal, *sem* resolução do mérito (CPC, art. 485).

Assim sendo, o autor sempre correrá o risco de responder pelos prejuízos que a *efetivação* da tutela de urgência causar ao réu, quando a sentença lhe for desfavorável, ou seja, a ele, autor. Em que pese ao fato de a responsabilidade do autor ser objetiva, caberá ao réu o ônus da prova quanto à ocorrência do alegado prejuízo, e sua dimensão.

É relevante observar que a sentença, a que alude o inciso I do art. 302, do CPC, deve estar *transitada em julgado*, para que o autor da ação cautelar possa vir a ser responsabilizado, nos termos do *caput* dessa norma legal. Não faria sentido exigir-lhe que reparasse o dano acarretado o réu – em decorrência da efetivação da tutela de urgência –, quando a sentença concernente ao processo principal pendesse, por exemplo, do julgamento de recurso, dela interposto, hipótese em que, provido o recurso, a sentença poderia tornar-se *favorável* à parte que obtivera a tutela de urgência.

Inciso II. Se a tutela foi obtida liminarmente em caráter *antecedente*, a parte beneficiada deverá fornecer, no prazo de cinco dias, os meios necessários para a citação do requerido; não o fazendo, responderá pelos danos e prejuízos causados a este.

Neste caso, o requerente será pecuniariamente punido em virtude de sua negligência processual.

Em um primeiro lançar de olhos, poder-se-ia imaginar que entre *"os meios necessários para a citação do requerido"*, a que alude a norma legal em foco, estaria o endereço do réu. Essa conclusão seria equivocada, uma vez que a tutela deve ser *requerida* pela parte (CPC, arts. 295 e 299). O instrumento formal desse requerimento é a petição inicial (CPC, art. 303, *caput*), que deverá conter, entre outros dados, *"o endereço eletrônico, o domicílio e a residência"* do réu (CPC, art. 319, II), para cogitarmos apenas deste. De tal arte, mesmo que a tutela venha a ser concedida *inaudita altera parte*, isso não significa que a petição inicial estará dispensada de atender ao requisito exigido pelo inciso II, do art. 319, do CPC, conjugado com o art. 76, do mesmo Código.

Os "meios necessários para a citação do requerido" (CPC, art. 302, II) podem ser de natureza técnica, material etc., podendo variar em cada caso. O substantivo *meio* possui, enfim, no texto legal, um sentido amplo, o que não significa admitir que estejamos a admitir a possibilidade de a parte fornecer meios *pecuniários* ou *financeiros* para a citação do réu.

Inciso III. Cessação da eficácia da medida. O art. 309 prevê as situações em que cessará a eficácia da medida concedida em caráter *antecedente*. São elas: a) se o autor não formular o pedido principal no prazo de trinta dias (CPC, art. 308). Cabe, aqui, uma ponderação: no caso de tutela *antecipada* requerida em caráter *antecedente*, a petição inicial pode limitar-se a essa tutela, hipótese em que não haverá necessidade de formular, posteriormente (trinta dias), o pedido principal, porquanto este já consta da mencionada petição (CPC, art. 303, *caput*); b) se a medida não for efetivada dentro de trinta dias. *Efetivar* a medida significa realizar todos os atos materiais necessários para que ela atinja a sua finalidade; c) se o juiz rejeitar o pedido principal formulado pelo autor ou extinguir o processo sem resolução do mérito (I a III, respectivamente).

Cadernos de Processo do Trabalho n. 12 – Tutelas Provisórias   **47**

Ocorrendo quaisquer dessas situações, o requerente responderá ao requerido pelos danos e prejuízos acarretados (CPC, art. 302).

Por outro lado, cessada a eficácia da tutela cautelar, a lei proíbe a parte de renovar o pedido, exceto se o fizer por fundamento diverso (CPC, art. 309, parágrafo único).

Inciso IV. O juiz acolher a alegação de decadência ou da prescrição da pretensão do direito do autor. A norma alude ao *acolhimento* pelo juiz da decadência ou da prescrição. O correto seria fazer menção ao fato de o juiz *pronunciar* a decadência ou prescrição, pois o conhecimento desses temas, no processo civil, independe de alegação da parte interessada: o juiz deve sobre eles manifestar-se *ex officio* (CPC, art. 332, § 1º). No processo do trabalho havia controvérsia sobre se o juiz poderia conhecer, por sua iniciativa, da prescrição. Entendíamos que sim – ainda que com um travo de amargor –, porquanto a prescrição fora alteada, pelo processo civil, à categoria de matéria de ordem pública, sendo posicionada ao lado da decadência. Argumentemos, ainda, com o fato de o § 2.º, do art. 11-A, da CLT, declarar que a prescrição *intercorrente* pode ser pronunciada também *ex officio* (em qualquer grau de jurisdição). Quebraria qualquer princípio lógico imaginar-se que o legislador trabalhista, ao mencionar, apenas, a prescrição que se forma no curso do processo (intercorrente), estaria a impedir o juiz de tomar a iniciativa de pronunciar a prescrição formada antes da instauração do processo (primitiva).

Parágrafo único. As indenizações devidas ao requerido pelo requerente, sempre que possível, serão liquidadas nos mesmos autos em que se concedeu a tutela de urgência. A liquidação poderá ser mediante cálculos, artigos ou arbitramento, obedecido, prioritariamente, o procedimento traçado pelo art. 879, da CLT. Tendo sido prestada caução fidejussória (art. 300, § 1º), o correspondente valor poderá ser utilizado, no todo ou em parte, para o pagamento da indenização.

Seção I – Do procedimento da tutela antecipada requerida em caráter antecedente

Art. 303. Nos casos em que a urgência for contemporânea à propositura da ação, a petição inicial pode limitar-se ao requerimento da tutela antecipada e à indicação do pedido de tutela final, com a exposição da lide, do direito que se busca realizar e do perigo de dano ou do risco ao resultado útil do processo.

§ 1º Concedida a tutela antecipada a que se refere o caput deste artigo:

I — o autor deverá aditar a petição inicial, com a complementação de sua argumentação, a juntada de novos documentos e a confirmação do pedido de tutela final, em 15 (quinze) dias ou em outro prazo maior que o juiz fixar;

II — o réu será citado e intimado para a audiência de conciliação ou de mediação na forma do art. 334;

III — não havendo autocomposição, o prazo para contestação será contado na forma do art. 335.

§ 2º Não realizado o aditamento a que se refere o inciso I do § 1º deste artigo, o processo será extinto sem resolução do mérito.

§ 3º O aditamento a que se refere o inciso I do § 1º deste artigo dar-se-á nos mesmos autos, sem incidência de novas custas processuais.

§ 4º Na petição inicial a que se refere o caput deste artigo, o autor terá de indicar o valor da causa, que deve levar em consideração o pedido de tutela final.

§ 5º O autor indicará na petição inicial, ainda, que pretende valer-se do benefício previsto no *caput* deste artigo.

§ 6º Caso entenda que não há elementos para a concessão de tutela antecipada, o órgão jurisdicional determinará a emenda da petição inicial em até 5 (cinco) dias, sob pena de ser indeferida e de o processo ser extinto sem resolução de mérito.

4. Urgência contemporânea à propositura da ação

Caput. Para melhor compreensão do artigo a ser examinado, devemos rememorar que o atual CPC empreendeu uma profunda modificação da sistematização dos temas pertinentes às medidas cautelares e à antecipação dos efeitos da tutela, constantes do Código revogado.

Essa modificação consistiu no fato de o seu Livro V disciplinar o que ali se denominou de "Tutela Provisória". Esta compreende: a) a *tutela de urgência*, que se subdivide em: a.a.) tutela antecipada; e a.b.) tutela cautelar; e b) a *tutela da evidência*. As tutelas de urgência (cautelar e antecipada) subdividem-se em *antecedente* e *incidental*, e podem ser concedidas tanto *liminarmente* quanto após *justificação prévia* (art. 294).

A tutela *de urgência*, como se nota, possui, peculiarmente, caráter heterogêneo, pois tanto pode ser *cautelar* (art. 305) quanto antecipada (art. 303). Sendo antecipada *antecedente*, poderá tornar-se provisoriamente satisfativa (durante a sua *estabilidade*: art. 304). A *tutela da evidência*, por sua vez, tem natureza, essencialmente, satisfativa (art. 311).

O art. 303 versa, de modo específico, *sobre a tutela de urgência antecipada requerida em caráter antecedente*.

Lamentavelmente, contudo, a disciplina dessas *tutelas provisórias* está a revelar-se algo confusa, quase um cipoal, sendo razoável imaginar, em razão disso, que provocará intensa controvérsia na doutrina e na jurisprudência, nomeadamente, nos domínios do processo do trabalho. Essa sistematização, que a reputamos confusa do ponto de vista de sua estrutura, chega a ser paradoxal, porquanto, tratando-se de tutela *de urgência*, deveria ter primado pela simplificação de suas disposições. Feito o registro, devemos ocupar-nos com a interpretação dos arts. 303 e 304, do CPC. Eis uma razão a mais para que o processo do trabalho, *de lege ferenda*, seja disciplinado por um Código próprio, sem as complexidades que entram no gosto do processo civil.

Se ocorrer de a parte necessitar de uma tutela urgente, ao tempo em que já poderia ingressar com a ação principal (processo de conhecimento), a petição inicial *poderá* limitar-se ao requerimento de tutela antecipada e à indicação do pedido de tutela final, expondo: a) o conflito de interesses (lide); b) o direito que busca realizar; c) o perigo de dano ou de risco ao resultado útil do processo.

Como o art. 300 afirma que a tutela de urgência será concedida quando houver elementos que revelem, além do perigo de dano ou o risco ao resultado útil do processo, também a *probabilidade do direito*, articulando-se esse dispositivo legal com o art. 303 temos que, no caso da letra *"b"*, por nós mencionada, cumprirá ao autor indicar não só o *direito que busca realizar*, como a *probabilidade desse direito*, porquanto se trata de tutela *de urgência*.

Em resumo: nos termos do art. 303, o autor terá diante de si duas possibilidades (ou faculdades), quais sejam: a) requerer *apenas* a tutela provisória urgente antecipada e antecedente, indicando o pedido de tutela final; b) requerer, a tutela provisória urgente antecipada e antecedente e, *ao mesmo tempo*, e a tutela satisfativa, final. Neste último caso, a tutela não será requerida em caráter *antecedente*, e sim, *simultâneo*. Parece-nos que, por meio do art. 303, do CPC, o legislador procurou evitar o procedimento estabelecido pelo art. 806, do Código de 1973, conforme o qual, efetivada a tutela cautelar (em procedimento preparatório), o autor deveria ingressar com a ação principal no prazo de trinta dias, sob pena de a medida perder a sua eficácia (*ibidem*, art. 808, I). Agora, no sistema do CPC de 2015, como vimos, existe a possibilidade de a parte ingressar, a um só tempo, com o pedido de tutela de urgência antecipada, antecedente, e com a ação principal.

O que está no art. 303, do CPC, não é, portanto, uma imposição do sistema, e sim uma *faculdade* que este defere ao autor, como evidencia o verbo *poder*, utilizado na redação dessa norma legal. Deste modo, conforme salientamos, o autor poderá ingressar: a) apenas com a ação tradicional (processo de conhecimento); b) apenas com o pedido de tutela de urgência antecipada requerida em caráter antecedente; c) ingressa com o pedido de tutela e com a ação principal, de maneira simultânea. Na hipótese da letra *"b"*, retro, a petição inicial será simplificada, contendo somente os elementos básicos para que o juiz se convença do direito à tutela pretendida; posteriormente, deverá ser complementada (*ibidem*, § 1.º, I).

§ 1º Da *concessão* da tutela antecipada decorrerão as consequências mencionadas nos incisos I a III, a serem examinados. Antes disso, devemos dizer que, segundo entendemos, a norma legal em exame está a referir-se, de maneira implícita, *também* à concessão *liminar* da tutela, possibilidade prevista no § 2º do art. 300. Sendo assim, a sua concessão ou denegação ensejará a impetração — pelo réu ou pelo autor, respectivamente —, de mandado de segurança, com fundamento analógico no item II, da Súmula n. 414, do TST. Embora a precitada Súmula aluda à *concessão* da tutela (antes da sentença), é evidente que o *mandamus* será cabível também no caso de *denegação* da tutela. Seria iníquo argumentar-se que o mandado de segurança caberia, unicamente, no caso de *concessão*, vedando-se, com isso, a possibilidade de impugnação da decisão *denegatória* da tutela. Para tanto, é necessário que o impetrante prove, documentalmente, o seu "direito líquido e certo" de obter a tutela. Não menos desarrazoado seria sustentar-se que a concessão não autorizaria o uso do *mandamus*, devendo a decisão denegatória ser objeto de agravo de instrumento, sabendo-se que essa modalidade de recurso, no sistema do processo do trabalho, possui finalidade única: impugnar decisão monocrática recusante da admissibilidade de recurso.

Inciso I. Intimado da concessão da tutela antecipada, o autor terá o prazo de quinze dias (ou em prazo maior, que o juiz estabelecer) para: a) aditar a petição inicial, complementando os argumentos inicialmente nela lançados; b) juntar novos documentos, se for o caso; c) confirmar o pedido de tutela final. Pela redação da norma, verifica-se que o juiz poderá fixar prazo maior, ao determinar a intimação do autor. Nada impede, pois, que o autor requeira a ampliação do prazo, quando houver comprovada necessidade.

É oportuno insistir neste ponto: por força do disposto no art. 303, *caput*, do CPC, quando a urgência for *contemporânea* à propositura da ação de mérito, a petição inicial será simplificada, podendo limitar-se, nesta ordem:

a) à declaração do autor de que pretende se valer da faculdade prevista no *caput* do art. 303, ou seja, de que se satisfará somente com a tutela de urgência (antecipada e antecedente);

b) à exposição dos fatos e do direito;

c) à indicação do pedido de tutela final;

d) à menção ao direito que visa a realizar;

e) à indicação do perigo de dano ou do risco ao resultado útil do processo.

Essa simplificação da inicial é justificável, pois emana da necessidade de ser obtida, *com urgência*, a tutela.

Concedida a providência jurisdicional destinada a preservar o direito do autor, repitamos: este deverá, no prazo de quinze dias (preconizamos que seja de cinco dias, no processo do trabalho):

a) aditar a petição inicial (que era simplificada);

b) complementar a argumentação nela exposta;

c) juntar outros documentos, se for o caso; e

d) confirmar o pedido de tutela final, de mérito (art. 303, § 1º, I).

Se o autor não aditar a inicial, o processo será extinto (art. 303, § 2º).

Inciso II. Feito o aditamento à petição inicial, o réu será citado e, ao mesmo tempo, intimado para comparecer à audiência de conciliação ou mediação. A remissão que a norma *sub examen* faz ao art. 334 significa que a audiência deverá ser designada com antecedência mínima de trinta dias, e o réu ser citado com, pelo menos, vinte dias de antecedência. Se, nessa audiência, houver autocomposição (acordo), o processo será extinto com o cumprimento do que foi objeto da transação (CPC, art. 487, III, "*b*"). Sobre a compatibilidade desse preceptivo do CPC com o processo do trabalho nos manifestaremos mais adiante.

Inciso III. Não havendo acordo, o prazo para a contestação será contado da audiência ou da última sessão de conciliação (arts. 303, III, e art. 335, I).

Não cremos que o procedimento traçado pelos incisos I a III, do § 1.º, do art. 303, do CPC, deva ser observado, por inteiro, no âmbito da Justiça do Trabalho, por ser incompatível com o processo que nela se pratica. Basta ver que, enquanto a CLT

Cadernos de Processo do Trabalho n. 12 – Tutelas Provisórias **51**

estabelece que a audiência deva ser a primeira desimpedida, depois de *cinco dias* (art. 841, *caput*), o art. 334 do CPC exige que a audiência seja designada com antecedência mínima de *trinta dias*. Ademais, segundo o CPC, o réu deverá ser citado com antecedência mínima de *vinte dias*, e terá o prazo de quinze dias, ou mais, para contestar, que será contado da mencionada audiência (art. 335, I).

Preconizamos, diante disso, que o procedimento da tutela de urgência antecipada, em caráter antecedente, seja adaptado ao processo do trabalho, de tal arte que se poderia aplicar o disposto no *caput* do art. 303 do CPC; entretanto, concedida a tutela: a) o autor aditaria a inicial, juntaria documentos (se fosse o caso) e confirmaria o pedido de tutela final em *cinco dias*, por simetria ao art. 841, *caput*, da CLT; b) o réu seria citado para comparecer à audiência, a ser designada com observância do prazo fixado no art. 841, *caput*, da CLT. Não havendo autocomposição, o réu teria o prazo de *cinco dias* para oferecer contestação, a ser protocolada na secretaria do juízo ou remetida eletronicamente. Não cremos que o prazo alusivo à contestação por meio eletrônica esteja em antagonismo com o art. 847, parágrafo único, da CLT, se considerarmos a peculiaridade da situação em exame. Havendo necessidade, o juiz designaria audiência para a instrução oral do procedimento (depoimento das partes, inquirição das testemunhas, e o mais), adução de razões finais e reiteração da proposta conciliatória (CLT, art. 850). O julgamento poderia ser realizado na mesma audiência, ou em outra, especificamente marcada para esse fim.

No processo do trabalho, a decisão interlocutória que conceder ou denegar a tutela antecipada, seja em caráter antecedente ou incidental, terá caráter interlocutório, razão pela qual fica vedada a possibilidade de sua impugnação mediante recurso (CLT, art. 893, § 1.º). O meio impugnativo deverá ser o mandado de segurança (TST, Súmula n. 414, II). No processo civil, a decisão será impugnável por agravo de instrumento (CPC, art. 1.015, I).

§ 2º Deixando, o autor, de efetuar, no prazo legal, sem justificativa juridicamente sustentável, o aditamento a que se refere o inciso I do §. 1º, do art. 303, processo será extinto sem resolução do mérito (CPC, art. 485, X). O ato jurisdicional que implica a extinção do processo constitui *sentença* (CPC, art. 203, § 1.º), motivo pelo qual poderá ser impugnado por meio de *recurso ordinário* (CLT, art. 895, I). Nada impede o autor, por isso, de ingressar com nova ação, destinada a obter tutela de urgência antecipada, em caráter antecedente (art. 303, § 2º, art. 486). Não incide, neste caso, a regra do parágrafo único do art. 309, do CPC, que veda a renovação do pedido (exceto por novo fundamento), pois esse dispositivo legal se refere, exclusivamente, à cessação da *eficácia* a tutela concedida em caráter antecedente. O art. 303, § 2.º, do mesmo diploma processual, trata da *extinção do processo* (sem resolução do mérito).

§ 3º O aditamento será efetuado nos mesmos autos, sem que custas adicionais devam ser pagas. Não haveria mesmo razão jurídica para que o aditamento fosse efetuado em autos distintos, a serem posteriormente reunidos aos primitivos. É evidente que a norma em estudo pressupõe a necessidade de a petição inicial ser aditada, por apresentar-se lacunosa, incompleta; haverá casos, porém, em que esse aditamento será dispensável, porquanto a inicial já contém todos os requisitos formais exigidos por lei (CPC, art. 319). Nunca é inútil recordar que, no processo do trabalho, o pagamento das custas é regido pelos arts. 789, 789-A, 790 e 790-A, da CLT.

§ 4º A petição inicial mencionada no *caput* do art. 303 deverá conter o valor da causa. Cuida-se de reiteração tópica do art. 291, do CPC. Para esse efeito, o autor considerará o pedido de tutela final, a ser obtido na forma do art. 292, do mesmo Código.

A dicção legal *sub examen* poderá suscitar controvérsias no plano do processo do trabalho, pois aqui não se exige que da inicial conste o valor atribuído à causa: basta que se leia o art. 840, § 1º, da CLT, para constatar-se a veracidade de nossa afirmação, que, de resto, é robustecida pelo art. 2º, *caput*, da Lei n. 5.584, de 26-6-1970, conforme o qual o juiz, antes de passar à instrução da causa, fixará o seu valor *"se este for indeterminado no pedido"*. O juiz do trabalho, portanto, não determina à parte que supra essa presuntiva omissão; cumpre ao próprio magistrado arbitrar um valor à causa. Não se aplica ao processo do trabalho, conseguintemente, a regra do art. 292, *caput*, do CPC. Por hábito, os advogados soem indicar nas iniciais trabalhistas o valor da causa, o que é sempre aconselhável; em tais casos, o juiz pode corrigir *ex officio* o referido valor quando se verificar uma das situações previstas no art. 292, § 3º.

O que o § 1.º, do art. 840, da CLT exige é que os pedidos formulados na inicial sejam *líquidos*.

Mesmo no tempo em que o sistema do CPC repelia a possibilidade de o juiz alterar, por sua iniciativa, o valor atribuído à causa, na inicial, sustentávamos o entendimento de que essa vedação não se aplicava ao juiz do trabalho.

Em linhas gerais, estes eram os nossos argumentos: via de regra, o valor da causa deve corresponder ao do pedido. Isso era absolutamente essencial à compreensão do assunto. A razão era palmar: se a toda causa deve ser atribuído um valor econômico, é elementar que esse valor está ligado àquilo que o autor pede em juízo, vale dizer, ao pedido mediato, à obtenção de um bem ou de uma utilidade da vida, economicamente apreciáveis. Ora, se, por exemplo, os pedidos do autor, expressos sob a forma líquida, na inicial, equivalem a *cem* salários mínimos, nenhum motivo eticamente defensável haverá para o fato de ele atribuir, p. ex., à causa valor inferior a *dois* salários mínimos.

Sabemos que, em situações como essa, o autor concede à causa um valor irrisório por encontrar-se seguro quanto ao sucesso na ação (talvez, em face da matéria que dá conteúdo à demanda). Com esse expediente, ele visa a impedir o réu de recorrer da sentença condenatória. O processo, no entanto, é provido de um substrato ético, enquanto método estatal de solução dos conflitos de interesses. Esse inafastável conteúdo ético, a propósito, justifica as sanções previstas no CPC para os casos de litigância de má-fé, assim como para os embargos de declaração protelatórios e para os atos atentatórios à dignidade do Poder Judiciário.

Sob o pano de fundo desse substrato ético, toma-se despicienda a circunstância de o réu não haver impugnado o valor dado à causa, na inicial. Sobreleva à sua inadvertência o fato de o processo consistir, como advertimos, um método não só oficial e heterônomo (logo, indisponível), mas, essencialmente, ético, de solução dos conflitos. Assim, se o juiz, na qualidade de condutor do processo, convencer-se de que qualquer das partes está praticando ato capaz de acarretar lesão ao mencionado conteúdo ético, deverá tomar a iniciativa de dar cobro a isso. Na espécie de que estamos a cuidar, caber-lhe-á modificar o valor dado à causa (seja para mais ou para menos), sempre que tiver diante de seus olhos elementos que lhe permitam concluir que o autor está atribuindo à causa um valor irreal.

Insistíamos nesse assunto, para que a nossa opinião fosse adequadamente entendida.

Por isso, prosseguíamos: não estamos a sugerir que o juiz, em todo e qualquer caso, tome a iniciativa de alterar o valor da causa. Por isso, formularemos algumas regras para que essa intervenção *ex officio* se legitime. Em primeiro lugar, a iniciativa judicial nessa matéria só se justifica se a modificação do valor da causa, por ele realizada, for capaz de gerar repercussão em tema de procedimento ou de recorribilidade da sentença. Exemplifiquemos. No primeiro caso, se o autor der à causa um valor não superior a quarenta salários mínimos, o procedimento será sumariíssimo (CLT, art. 852-A); no segundo — que mais nos interessa —, se a ela for atribuído valor inferior ao de *dois* salários mínimos, quando o do próprio pedido corresponde, *e. g*, a muito mais do que dois salários mínimos, torna-se necessária a intervenção judicial *ex officio*. O mesmo se diga na situação inversa: o valor pespegado à causa é muito superior ao de dois salários mínimos, quando o do pedido mal chega a um salário mínimo. Ademais, essa iniciativa do juiz deve ser norteada por elementos objetivamente perceptíveis, vale dizer, a elevação ou redução do valor da causa, que vier a efetuar, deverá, de modo geral, derivar de um confronto entre o valor constante da inicial e o do pedido. Isso significa afirmar que se o pedido não se encontrar expresso em valores líquidos, dificilmente o juiz terá condições (concretas) de alterar o valor dado à causa, na inicial, pois qualquer modificação que fizer, quanto a isso, poderá ser de foro subjetivo, significa dizer, arbitrário. É claro que se o valor do pedido for ilíquido, mas os autos contiverem elementos objetivos, que permitam ao juiz concluir que o valor atribuído à causa não corresponde à realidade desses elementos, o valor daquela deverá ser modificado. Muitas vezes, p. ex., embora o pedido não se apresente sob a forma líquida (em decorrência de um gesto estratégico do próprio autor), os autos indicam que o seu salário mensal correspondia a dez vezes o do mínimo legal; ora, tendo este pedido a condenação do réu ao pagamento de aviso prévio (30 dias), de férias e de 13º salário integrais, sem precisar, no pedido, os pertinentes valores, mas der à causa um valor inferior ao de dois salários mínimos, estará patente o seu intuito de beneficiar-se (ainda que em tese, pois se a sentença lhe for desfavorável ele poderá ser vítima de sua própria velhacada) dessa atitude sorrateira e desleal.

E concluíamos: o juiz do trabalho, a quem a lei concede ampla liberdade na direção do processo (CLT, art. 765), não pode permitir que sejam perpetrados, sob seus olhos, semelhantes assaltos contra o substrato ético desse mesmo processo. Nesse concerto, eventual tolerância do magistrado soaria a conivência lamentável. Ou a uma quase-prevaricação.

Nossos argumentos, embora não tenham sensibilizado a jurisprudência trabalhista da época, parecem ter sensibilizado o CPC atual. Realmente, estabelece o § 3º do art. 292 desse Código que *"O juiz corrigirá, de ofício e por arbitramento, o valor da causa quando verificar que não corresponde ao conteúdo patrimonial em discussão ou ao proveito econômico perseguido pelo autor, caso em que se procederá ao recolhimento das custas correspondentes"*. Nunca nos sentimos desolados por havermos adotado, outrora, uma atitude heterodoxa em face da doutrina e da jurisprudência trabalhistas predominantes, que, apegadas a velhas concepções, não admitiam a possibilidade de o juiz do trabalho alterar o valor atribuído à causa, na inicial — ainda que esse valor estivesse a causar escoriações a certos princípios éticos do processo. Pois bem. Com o advento do atual CPC, somente por teimosia obstinada se poderá continuar sustentado a impossibilidade de o juiz do trabalho alterar, por sua iniciativa, o valor da causa, nos termos do § 3º art. 292 do CPC.

Estabelece a Instrução Normativa n. 39/2016, do TST, que o art. 292, V, e § 3.º, do CPC, são aplicáveis ao processo do trabalho. Como consequência, esse Tribunal cancelou, em 13-4-2016, a OJ n. 155, da SBDI-II, segundo a qual inexistia *amparo legal* para que o juiz majorasse o valor da causa, sem que houvesse impugnação pela parte. Agora, *habemus legem"*, autorizadora desse agir *ex officio*.

Não se confunda o *valor da causa* com o *valor dos pedidos*, conquanto aquela, de modo geral, deva corresponder a este, o processo do trabalho, conforme expusemos, não exige que da petição inicial conste o valor da causa, embora imponha que os pedidos sejam formulados de maneira líquida (CLT, art. 840, § 1.º).

A propósito da exigência legal de que a inicial indique os *valores* dos pedidos, escrevemos em outro livro:

> "Valor dos pedidos
>
> A imposição para que a peça de provocação da atividade jurisdicional do Estado contenha pedidos *líquidos* surgiu com a Lei n. 9.099, de 26-9-1995, que dispôs sobre os Juizados Especiais Cíveis e Criminais. Lê-se no art. 14, § 1.º, da precitada norma legal: *"Do pedido constarão, de forma simples e em linguagem acessível: I – (...); II – (...); III – o objeto e seu **valor**"* (destacamos). Ulteriormente, a Lei n. 9.957, de 12-1-2000, que alterou a CLT para introduzir no sistema do processo do trabalho o *procedimento sumariíssimo*[1], também passou a exigir que a petição inicial indicasse o valor do pedido (CLT, art. 825-B, I).
>
> Essa última norma legal atribuiu a seguinte redação ao art. 852-I, § 2.º, da CLT: *"Não se admitirá sentença condenatória por quantia ilíquida"*. Estabelecia-se, desse modo, uma sistematização harmônica dos dispositivos

---

(1) Os adjetivos que apresentam "io" antes de uma consoante fazem o superlativo em dois "ii": friíssimo, necessariíssimo, seriíssimo, sumariíssimo. Não havendo consoante antes de "io", o superlativo apresenta apena um "i": feíssima, cheíssima, dulcíssima (SACCONI, Luiz Antonio; *Não Erre Mais!*, São Paulo: Editora Ática, 9. ed., 1987, p. 50).

dessa Lei, porquanto se passou a exigir que se apresentassem *líquidos*: a) os pedidos constantes da inicial; e b) a condenação imposta pela sentença. Deu-se, porém, que o Sr. Presidente da República vetou o § 2.º do art. 852-I, da CLT,[2] quebrando, com isso, a sistematização harmoniosa a que nos referimos há pouco, pois ficou mantida a exigência de que a inicial contivesse pedidos líquidos, embora se tenha dispensado a sentença de trazer condenação líquida. Diante disso (e considerando que o valor definidor do procedimento não era o dos pedidos, e sim, o da causa), perguntávamos: qual a utilidade de os pedidos expressos na inicial serem líquidos, se poderiam ser alterados – como, geralmente, acontecia – pela contestação, pelas provas que a instruíssem, por outras provas produzidas em audiência ou mediante perícia"?

Essas indagações, formuladas há cerca de 17 anos, não se justificam em face da nupérrima redação atribuída ao § 1.º, do art. 840, da CLT, porquanto, aqui, a imposição de pedidos líquidos não se vincula à sentença, senão que, conforme veremos, *ao princípio da sucumbência* (CLT, art. 791-A).

Pois bem. O § 1.º, do art. 840, da CLT, exige que da petição inicial conste o *valor do pedido*, vale dizer, *de cada pedido*. Não se suponha, portanto, que a exigência legal estaria cumprida com a indicação do valor total dos pedidos apresentados de maneira ilíquida.

A nova redação dada a esse preceptivo legal visou, a um só tempo, a atender:

a) a preceito de ordem ética, por modo a impedir a formulação de pedidos ilíquidos, ou, se líquidos, que excedam à própria repercussão pecuniária daquilo que o direito invocado concede. É oportuno observar que, não raro, alguns autores, mesmo podendo indicar o valor de cada *pedido* lançado na inicial, vinham se omitindo em fazê-lo, motivados por uma estratégia ardilosa destinada a fazer supor ao réu tratar-se de uma *causa* de pequena repercussão econômico-financeira, levando-o a negligenciar na elaboração da defesa. Acrescente-se a isso, o hábito de tais autores atribuírem à causa um valor muito inferior ao que decorreria da soma dos pedidos (se fossem apresentados de maneira líquida), e ter-se-á a medida da conveniência da estratégia processual que mencionamos;

b) a uma regra *pragmática*, porquanto será da diferença entre o valor do pedido, indicado na inicial, e o valor do acolhido pela sentença que se fará incidir o princípio da sucumbência (CLT, art. 791-A), por força do qual o

---

(2) Foram estas as razões do veto: *"O § 2.º do art. 852-I não admite sentença condenatória por quantia ilíquida, o que poderá, na prática, atrasar a prolação das sentenças, já que se impõe ao juiz obrigação de elaborar cálculos, o que nem sempre é simples de se realizar em audiência. Seria prudente vetar o dispositivo em relevo, já que a liquidação por simples cálculo se dará na fase de execução da sentença, que, aliás, poderá sofrer modificações na fase recursal".*

autor será condenado a pagar honorários de advogado à parte contrária, naquilo em que não tiver êxito (CLT, art. 791-A, § 3.º). Estabelece essa norma legal: *"Na hipótese de procedência parcial, o juízo arbitrará honorários de sucumbência recíproca, vedada a compensação entre os honorários"*. (O Processo do Trabalho e a Reforma Trabalhista, São Paulo: LTr Editora, 1. ed. 2. tiragem, setembro 2017, p. 130-131).

Mais adiante, daremos uma interpretação definitiva – de nossa parte – ao art. 791-A, da CLT.

É importante rememorarmos a Justificativa do Projeto de Lei n. 6.787/2016 para atribuir nova redação ao § 1.º, do art. 840, da CLT: *"As alterações promovidas no art. 840 têm como fundamento principal exigir que o pedido, nas ações trabalhistas, seja certo, determinado e que tenha o seu valor devidamente indicado. A exigência de que o pedido seja feito de forma precisa e com conteúdo explícito é regra essencial para garantia da boa-fé processual, pois permite que todos os envolvidos na lide tenham pleno conhecimento do que está sendo proposto, além de contribuir para a celeridade processual com a prévia liquidação dos pedidos na fase de execução judicial, evitando-se novas discussões e, consequentemente, atrasos para que o reclamante receba o crédito que lhe é devido"*.

Não se ignora que, na prática, os autores encontrarão dificuldade para formular pedidos com valor expresso, por não disporem, no momento de elaborarem a petição inicial, de elementos concretos e fidedignos, que os possibilitem definir esses valores. Haverá casos em que a indicação do valor do pedido será inviável ou injustificável, como quando: a) somente mediante exame pericial contábil for possível apurar-se o valor das comissões devidas ao autor da ação; b) o autor pedir adicional de insalubridade, no grau máximo, e a perícia concluir pela existência de insalubridade, digamos, em grau mínimo. Neste último caso, como o autor poderia definir, a *priori*, o valor correto do pedido, se a própria classificação do grau de insalubridade dependia de exame pericial (CLT, art. 195, § 2.º)? Para situações que tais, deverá ser admitida a formulação de *pedido genérico*, com fundamento no inciso II, do art. 324, do CPC. A propósito, uma advertência se faz necessária: o sentido genérico do pedido, a que se refere a norma processual mencionada, reside em seu aspecto quantitativo (*quantum debeatur*), não em seu elemento ontológico (*an debeatur*). Se assim não fosse, haveríamos de concluir que a norma autorizaria, até mesmo, as postulações incertas. Hoje, em nosso meio, a certeza é um elemento que deve estar presente não só na inicial, como na sentença, pois esta deve ser certa, ainda quando resolva relação jurídica condicional (CPC, art. 492, parágrafo único). A *condição* é elemento de direito material e está prevista no art. 121 do Código Civil: *"Considera-se condição a cláusula que, derivando exclusivamente da vontade das partes, subordina o efeito do negócio jurídico a evento futuro e incerto"*.

Haverá também situações em que a definição do valor dos pedidos somente será possível após a apresentação de documentos que se encontram em poder do réu. Nesta hipótese, poderão ser adotados alguns procedimentos, a saber:

a) *para que a petição inicial expresse, desde logo, o valor dos pedidos*, incumbirá ao autor ingressar com pedido de tutela de urgência de natureza cautelar (CPC, art.

301) ou com ação de produção antecipada de prova (CPC, art. 381), fundando-se no art. 324, § 1.º, III, do CPC, assim redigido: "§ 1.º é lícito, porém, formular pedido genérico: I – (...); III - quando a determinação do objeto ou do *valor da condenação depender de ato a ser praticado pelo réu*" (destacamos). Apresentados os documentos necessários, os pedidos deverão ser liquidados antes de serem postos na inicial;

b) *para que o valor seja fixado após a apresentação da defesa*, o autor deverá suscitar o incidente de exibição de documentos, regulado pelos arts. 396 a 404, do CPC; exibidos os documentos, o juiz concederá prazo para que o autor emende a petição inicial, no prazo de quinze dias, indicando o valor dos pedidos formulados (CPC, art. 321, *caput*), sob pena de indeferimento da petição inicial (*ibidem*, parágrafo único).

Dir-se-á, talvez, que a possibilidade de haver essa emenda encontra óbice no art. 329, II, do CPC, que permite o aditamento ou a alteração do pedido e da causa de pedir, após o saneamento do processo, somente se houver consentimento do réu. Se assim se alegar, devemos contra-argumentar, em caráter proléptico, que a emenda à inicial, de que estamos a tratar, não implicará *aditamento* nem *alteração* do pedido. Expliquemo-nos. *Aditamento* e *modificação* não se confundem. Aquele representa o *acréscimo quantitativo de pedidos*, vale dizer, a inclusão, na mesma causa, de pedidos inicialmente omitidos; esta não implica a formulação de novos pedidos, senão que a *modificação dos já existentes* (ou da causa de pedir).

Ora, se o juiz do trabalho conceder prazo para que o autor, após haver obtido do réu os documentos necessários, indique o valor dos pedidos formulados na inicial, não estará autorizando nenhum aditamento e nenhuma alteração, se não que permitindo ao autor emendar a petição inicial, a fim de dar cumprimento à determinação contida no § 1.º, do art. 840, da CLT, para que o pedido possua uma expressão pecuniária. Efetuada a emenda, juiz concederá prazo de quinze dias, ao réu, para que se manifeste a respeito. Especificamente para essa finalidade, pode-se invocar a incidência analógica do disposto no inciso II, do art. 329, do CPC.

Em síntese:

a) a redação do § 1.º, do art. 840, da CLT, é inequívoca ao determinar que os pedidos lançados na inicial sejam formulados de maneira líquida, vale dizer, com a indicação do correspondente valor;

b) as razões pelas quais a Lei n. 13.467/2017 deu nova redação a esse dispositivo legal estão intimamente vinculadas a preceito ético e a regra *pragmática* – esta última, ligada ao princípio *da sucumbência*, trazido por essa mesma norma legal, mediante a inserção, na CLT, do art. 791-A;

c) para que a petição inicial expresse, *desde logo*, o valor dos pedidos – mas o autor não disponha de dados ou elementos para isso –, ele poderá ingressar com ação de tutela de urgência de natureza cautelar (CPC, art. 301) ou com ação de produção antecipada de provas (CPC, art. 381), fundando-se no art. 324, § 1.º, III, do CPC;

d) para que o valor seja fixado *após a apresentação da defesa*, o autor não fará, desde logo, na inicial, a indicação do valor do pedido, reservando-se (mediante requerimento dirigido ao juízo) para mencionar esse valor: d.a) após a apresentação da defesa, caso seja instruída com os elementos necessários à fixação do valor do pedido; d.b.) mediante a suscitação do incidente de exibição de documentos, regulado pelos arts. 396 a 404, do CPC, caso a defesa se apresente desacompanhada de documentos. Em ambos as situações, o juiz concederá o prazo de quinze dias para que o autor emende a petição inicial, indicando o valor dos pedidos formulados (CPC, art. 321, *caput*), sob pena de indeferimento dessa petição (*ibidem*, parágrafo único);

e) a exigência estampada no § 1.º, do art. 840, da CLT, também incide no caso de pedidos *alternativos* (CPC, art. 325), *subsidiários* (*ibidem*, art. 326) e *cumulados* (*ibidem*, art. 327). Para efeito de fixação do *valor da causa* (CPC, art. 291) deverão ser observados os incisos VII, VII e VI, respectivamente, do art. 292, do CPC;

f) em determinados casos, será lícito ao autor formular *pedido genérico*, com fulcro no inciso II, do art. 324, do CPC, hipótese em que a fixação do valor será estabelecida pela sentença ou diferida para a fase de liquidação (CLT, art. 879).

Cremos que não estaremos sendo acometidos de cerebração fantasiosa se afirmarmos que a imposição legal de formulação de pedidos líquidos terá caído como uma espécie de meteoro arrasador no cenário do processo do trabalho, por forma a gerar intensa inquietação tanto no espírito dos advogados quanto no dos juízes. Nos advogados, porque sobre eles recai a responsabilidade e a dificuldade de formulação de pedidos com valor líquido, situação agravada pelo risco da sucumbência; nos magistrados, porque poderão ser levados a apreciar infindáveis ações com pedido de tutela de urgência de natureza cautelar ou incidentes de exibição de documentos, ou a exarar incontáveis despachos, determinando que o autor emende a petição inicial, sob pena de indeferimento, por forma a sobrecarregar, ainda mais, o volume de trabalho nos gabinetes desses magistrados.

Nem mesmo o processo civil, com sua tradição formalista, se atreveu a impor que o pedido se apresentasse líquido, na inicial. O art. 319, IV, do CPC, mais sensato, exige que o pedido seja acompanhado de "suas especificações". Nem mesmo por antonomásia se poderá considerar os vocábulos *especificação* e *valor* como sinônimos entre si.

A exigência de indicação do valor dos pedidos, na inicial, não conflita com o art. 879, da CLT, que prevê a *liquidação* da obrigação materializada na sentença condenatória. Enquanto a menção do valor do pedido, na inicial, está vinculada, conforme dissemos, ao princípio da *sucumbência*, a liquidação se destina a quantificar o valor da *condenação* – que será, posteriormente, cotejado com o do pedido, para efeito da sucumbência.

No caso de revelia – que se configura pela ausência injustificada de contestação –, o juiz, em nome da presunção legal de veracidade dos fatos alegados na petição inicial (CLT, art. 844, *caput*; CPC, art. 344), não estará obrigado a impor ao revel uma condenação *segundo os valores apontados na inicial*, desde que possa demonstrar que esses valores são exorbitantes, à luz das normas legais ou convencionais incidentes.

Rememoremos que o *efeito* da revelia incide, unicamente, sobre *fatos*; não, sobre normas legais.

Se o juiz entender que o autor possui condições de indicar o valor dos pedidos estampados na inicial, mas não o fez, não deverá, de plano, indeferir essa petição,

Cadernos de Processo do Trabalho n. 12 – Tutelas Provisórias   **59**

como parece constar do § 3.º, do art. 840, da CLT: cumprir-lhe-á aplicar o art. 321, do CPC – de manifesta compatibilidade com o processo do trabalho –, determinando que o autor supra a falha, no prazo de quinze dias. Somente se o autor não atender a esse despacho é que a petição inicial deverá ser indeferida (CPC, art. 321, parágrafo único), com a consequente extinção do processo sem resolução do mérito (CPC, art. 485, I).

Por outro lado, cumprirá ao magistrado ser extremamente cauteloso na aplicação do art. 791-A, da CLT, consagradora do princípio da *sucumbência*. Como critério, alvitramos que faça incidir a precitada norma legal, em princípio, apenas no caso de comprovada *má-fé*, por parte do autor (CPC, art. 80), quanto à fixação do valor dos pedidos, sob pena de o magistrado perpetrar grave injustiça (*summa ius, summa iniuria*, advertimos). Nem se ignore o fato de, em alguns casos, o autor haver ingressado em juízo sem advogado, conforme lhe faculta o art. 791, *caput*, da CLT, elaborando, ele mesmo, a petição inicial, ou vir a fazer uso da faculdade que lhe defere o § 2.º, do art. 840, da CLT, exercendo, de modo oral, o direito constitucional de ação. Também neste último caso ele deverá apresentar ao serventuário os valores *exatos* de seus pedidos?

Nas duas situações supracitadas, a regra do § 1.º do art. 840, da CLT, se for interpretada à risca, ou seja, em sua expressão unicamente literal, beira a surrealismo institucional.

Perguntamos: para serem evitadas as dificuldades e os contratempos derivantes do atendimento ao disposto no § 1.º, do art. 840, da CLT, não seria possível entender que o *valor* a que se refere essa norma legal poderia ser apenas *estimado* pelo autor e não, necessariamente, *exato, preciso*?

Essa interpretação seria temerária, se considerarmos o entendimento que a doutrina vem dando ao tema – e do qual discordamos.

Digamos que o autor haja *estimado*, na inicial, em R$ 50.000,00 o valor das horas extras postuladas; apresentados os documentos pelo réu, o autor verifica que muitas dessas horas foram pagas, de tal modo que o seu pedido deveria ter sido, digamos, de R$ 20.000,00. Vindo a sentença a conceder-lhe R$ 20.000,00 a título de horas extras, ele teria sucumbido em R$ 30.000,00 (diferença entre o que pediu e o que lhe era devido). Não vemos como, nesta hipótese, o autor possa aditar a petição inicial para corrigir o valor de R$ 50.000,00 para R$ 20.000,00.

Há mais. Se o autor, para tentar esquivar-se ao risco da sucumbência *estimar* um valor dos pedidos:

1) muito *abaixo* do que seria o correto, não evitará um outro risco: o de a sentença condenar o réu ao pagamento do valor apontado na inicial, e não em valor superior a isso, sob pena de perpetrar transgressão ao art. 492, *caput*, do CPC, e de ensejar a que o réu alegue a nulidade da sentença, no tocante ao excesso de condenação (*ultra petita*). Além disso, o advogado do autor poderia vir a ser responsabilidade pelo seu cliente por haver estimado um valor muito aquém do que seria devido a este;

2) muito *acima* do que o correto, e a sentença vier a conceder-lhe abaixo disso (ou seja, o valor correto), sujeitar-se-á ao risco de ser duramente atingido pela sucumbência (CLT, art. 791-A, § 3.º).

Falamos, há pouco, de determinado entendimento da doutrina, do qual dissentimos. É momento de nos explicarmos.

Essa doutrina parece entender que o art. 791-A, da CLT, teria consagrado a sucumbência *parcial*. Para que a nossa objeção a esse pensamento doutrinal possa ser compreendida, devemos esclarecer que há duas modalidades de sucumbência, em tema de honorários advocatícios: a *parcial* e a *recíproca*. A sucumbência será *parcial* quando determinado pedido formulado pelo autor for acolhido em parte: pretendeu receber R$ 50.000,00 e a sentença concedeu-lhe R$ 30.000,00. A sucumbência será *recíproca* quando cada parte sucumbir, por inteiro, em relação a determinados pedidos: o autor teve totalmente rejeitada a sua pretensão às horas extras e o réu foi condenado a pagar aviso-prévio, no valor postulado pelo autor. Se bem examinarmos, verificaremos que o art. 791-A, da CLT, consagrou apenas a sucumbência *recíproca*, cujo vocábulo, aliás, foi utilizado na redação do § 3.º da norma. Por outro lado, a expressão "procedência parcial" – pondo de lado a impropriedade do vocábulo *improcedência*, em sua função frasal – constante do mesmo texto legal, diz respeito à causa, e não, *ao pedido*.

É de nossa convicção, portanto, que somente poderá haver condenação ao pagamento de honorários advocatícios, no processo do trabalho, nos casos de sucumbência *recíproca* (ou *integral*).

Conclusivamente, e para dissipar eventuais dúvidas remanescentes:

a) entendemos que a nova redação dada ao § 1.º, do art. 840, da CLT, decorreu da preocupação de romper – por motivos de ordem ética e pragmática – com a antiga e arraigada tradição, consistente na formulação de pedidos ilíquidos, assim entendidos os que se apresentavam sem a sua expressão pecuniária;

b) ao aludir ao *valor* do pedido, a norma citada exige que este seja *exato*, e não, meramente *estimado* pelo autor da ação;

c) somente em casos excepcionais será admissível que a causa chegue a julgamento sem que o valor dos pedidos formulados na inicial tenha sido indicado, como no caso de *pedidos genéricos* (CPC, art. 324, II).

d) nos casos em que o autor, não sendo advogado, estiver fazendo uso do *ius postulandi* que lhe atribui o ar. 791, *caput*, da CLT, cumprirá ao juiz atenuar (ou, em certas situações, até mesmo desconsiderar) a exigência expressa pelo § 1.º, do art. 840, da CLT, sob pena de inibir o exercício do direito constitucional de ação;

e) idealmente, o autor somente deveria ser condenado às sanções da sucumbência se o valor dos pedidos apontados na inicial houvesse decorrido de má-fé;

f) só deverá ocorrer condenação ao pagamento de honorários advocatícios na sucumbência recíproca; não, na parcial.

À guisa de arremate: a exigência da formulação de pedidos líquidos, na inicial, tende a converter-se, na prática, em um dos mais polêmicos temas processuais, de quantos foram trazidos pela Lei n. 13.467/2017. As opiniões que expressamos neste livro acerca dessa exigência legal traduzem a reflexão dos primeiros momentos. Só o tempo, com o valioso contributo da doutrina e da jurisprudência – designadamente desta – haverá de fixar um entendimento, se não unânime, ao menos majoritário sobre o assunto, a fim de pacificá-lo. Nessa tarefa de pacificação, o bom senso deverá ser o instrumento fundamental – como, aliás, em qualquer ato da vida humana. Não se requer o bom senso pelo bom senso, senão que o bom senso subordinado à preservação do exercício do direito constitucional de ação (CF, art. 5.º, XXXV), uma das mais preciosas conquistas de nosso Estado Democrático de Direito (CF, art. 1.º). *O Processo do Trabalho e a Reforma Trabalhista*, São Paulo: LTr Editora, 2017, págs. 130/134.

No volume VII, destes Cadernos, estaremos tratando do assunto com maior profundidade.

§ 5º Na petição inicial, diz a norma, caberá ao autor mencionar que pretende valer-se do benefício previsto no *caput*, ou seja, que irá satisfazer-se apenas com o requerimento da tutela antecipada (e à indicação do pedido de tutela final). Essa opção deve ser manifestada, portanto, de maneira expressa e inequívoca. Não se trata, a nosso ver, de "benefício", mas de *faculdade* a ele concedida pelo sistema legal, e que a exercerá segundo a sua conveniência ou necessidade. É recomendável que essa exigência da lei (ou essa opção do autor, como queiram) conste, em destaque, do preâmbulo da petição inicial. Sendo omissa a petição inicial, a esse respeito, a presunção é de que o autor se satisfará, tão somente, com a tutela antecipada.

Embora possa admitir-se a possibilidade de o autor, na inicial, também manifestar a sua intenção de ver o processo prosseguir, após a estabilização da tutela (CPC, art. 304), não cremos que ele tenha interesse quanto a isso, porquanto a tutela conservará os seus efeitos enquanto não for revista, reformada ou invalidada, considerando-se que decisão a concessiva produziu coisa julgada formal (art. 304, § 3º). Por outras palavras, o autor já obteve, com a estabilização da tutela, o resultado útil que poderia alcançar por meio da sentença de mérito.

Quando o § 6º do art. 304 declara que a decisão concessiva da tutela "não fará coisa julgada" está a referir-se à *res iudicata material*, não à *formal*.

§ 6º Pode ocorrer de o juiz entender que não há elementos capazes de autorizar a concessão de tutela antecipada. Diante disso, mandará que o autor emende a inicial, em cinco dias. Sendo emendada no prazo, o juiz verificará se é o caso, ou não, de deferir a tutela. Não havendo emenda, a petição inicial será indeferida, extinguindo-se o processo sem resolução do mérito (CPC, art. 485, I), condenando-se o autor ao pagamento das custas processuais e de outras despesas.

O ato pelo qual o juiz extingue o processo configura *sentença* (CPC, art. 203, § 1.º), motivo pelo qual, no processo do trabalho, poderá ser impugnado mediante recurso ordinário (CLT, art. 895, I, na parte em que se refere às decisões *terminativas*). A CLT, inspirada no CPC de 1939, ainda alude às sentenças *definitivas* e às *terminativas*. No sistema daquele CPC do passado, *definitivas* eram as sentenças que examinavam o mérito da causa; *terminativas*, as que não o examinavam.

> Art. 304. A tutela antecipada, concedida nos termos do art. 303, torna-se estável se da decisão que a conceder não for interposto o respectivo recurso.
>
> § 1º No caso previsto no *caput*, o processo será extinto.
>
> § 2º Qualquer das partes poderá demandar a outra com o intuito de rever, reformar ou invalidar a tutela antecipada estabilizada nos termos do *caput*.
>
> § 3º A tutela antecipada conservará seus efeitos enquanto não revista, reformada ou invalidada por decisão de mérito proferida na ação de que trata o § 2º.
>
> § 4º Qualquer das partes poderá requerer o desarquivamento dos autos em que foi concedida a medida, para instruir a petição inicial da ação a que se refere o § 2º, prevento o juízo em que a tutela antecipada foi concedida.
>
> § 5º O direito de rever, reformar ou invalidar a tutela antecipada, previsto no § 2º deste artigo, extingue-se após 2 (dois) anos, contados da ciência da decisão que extinguiu o processo, nos termos do § 1º.
>
> § 6º A decisão que concede a tutela não fará coisa julgada, mas a estabilidade dos respectivos efeitos só será afastada por decisão que a revir, reformar ou invalidar, proferida em ação ajuizada por uma das partes, nos termos do § 2º deste artigo.

5. A estabilidade da tutela

Caput. Estamos diante de mais uma das novidades — a que bem podemos denominar de *revolucionárias* — trazidas pelo atual CPC. Assim dizemos, porque, sendo a tutela *antecipada* concedida na forma do art. 303 (*antecedente*), ela se torna *estável* se a correspondente decisão não for impugnada por meio de recurso. A decisão concessiva produz, portanto, coisa julgada *formal*, por modo a impedir que seja discutida no mesmo processo em que foi proferida, até porque este terá sido extinto (art. 304, § 1º). Se a parte interessada desejar rever, reformar ou invalidar a decisão deverá ajuizar ação autônoma, cuja petição inicial será distribuída por dependência (*ibidem*, § 2º). A regra é aplicável apenas à tutela de urgência *antecipada* requerida em caráter *antecedente*, pois é dela que se ocupa o art. 303.

Podemos concluir, pois, que o princípio da estabilização *não* se aplica: a) à tutela de urgência cautelar (arts. 305 a 310); b) à tutela antecipada requerida em caráter incidental (arts. 294 e 295); c) à tutela da evidência (art. 311) ; d) às tutelas cautelares concedidas na vigência do CPC de 1973 e ainda não cassadas ou revogadas.

A *estabilidade* da tutela *antecipada/antecedente*, coloca em dúvida o acerto do legislador ao rotular de Tutela *Provisória* o Livro V, da Parte Geral, do CPC, quando decorrer, em branco, o prazo de dois anos para o ajuizamento da ação de que tratam os parágrafos 2.º a 5.º, do art. 304, do CPC. Neste caso, a tutela se torna *definitiva*.

Temos, aqui, uma outra questão instigante. O art. 304, *caput*, alude à interposição de *recurso*. É razoável supor que a doutrina do processo do trabalho tenda a rejeitar a possibilidade do uso desse meio impugnativo, ao argumento de que, possuindo a decisão caráter interlocutório, a única possibilidade de impugnação ocorrerá via mandado de segurança. Então, seja. Conforme deixamos expresso no comentário ao § 1º do art. 303, a concessão (ou denegação) da tutela antes de o autor haver emendado a petição inicial, como determina o inciso I do referido § 1º, tem natureza, tipicamente, *interlocutória*, razão pela qual o ato judicial não poderá ser impugnado mediante recurso (CLT, art. 893, § 1º), conquanto desafie a impetração de mandado de segurança (TST, Súmula n. 414, II).

Somente, portanto, se não houver impetração do *mandamus* é que a tutela adquirirá a *estabilidade* de que trata o art. 304, *caput,* do CPC. Pensamos que essa estabilidade fará sentido apenas no caso de o autor haver optado, exclusivamente, pelo pedido de tutela antecipada (em caráter antecedente), ou seja, aberto mão do processo de mérito, que pressupõe cognição exauriente. Com efeito, por que razão o autor, tendo obtido a estabilidade da tutela, iria proceder de acordo com o inciso I, do § 1.º, do art. 303, do CPC (aditar a petição inicial, mediante a complementação do pedido de tutela final)? Qual seria o seu interesse quanto a isso, se já obteve, com a *estabilização* da tutela, o resultado prático que o levou a ingressar em juízo? Aliás, com a estabilização da tutela o processo será extinto (CPC, art. 304, § 1.º). É interessante observar que essa extinção não está prevista no art. 485 (sem resolução do mérito), nem no art. 487 (com resolução do mérito). Teria legislador deixado à doutrina a tarefa de definir a questão?

Podem ser indicados como requisitos para estabilização da tutela os seguintes: a) que o pedido de tutela provisória de urgência antecipada tenha sido formulado em caráter antecedente, e deferido pelo juiz; b) que na inicial haja requerimento expresso para a aplicação dessa técnica; c) que a decisão tenha concedido a tutela; d) que o réu não tenha impugnado essa decisão (mandado de segurança). Se a medida for concedida *in limine,* terá índole interlocutória, razão pela qual a sua impugnação também se dará por meio de mandado de segurança, não de recurso.

A tutela não pode ser concedida, portanto, pelo juiz, *ex officio*, pois consistindo, essa tutela, em um *benefício* ao autor (art. 303, § 5º), uma *faculdade* deste, depende de seu requerimento expresso. Logo, eventual concessão *de ofício* não só traduzirá uma clara violação à lei, como poderá tornar o juiz suspeito.

A tutela poderá ser deferida sem audiência da parte contrária. Caso esta nossa assertiva venha ser contestada com fundamento no art. 9.º, do CPC, que veda a emissão de decisão contrária a uma das partes, sem que esta seja previamente ouvida, devemos redarguir, em caráter proléptico, que a mesma norma legal, em seus incisos I e II, abre exceção em favor das tutelas provisórias de urgência e da evidência, respectivamente; quanto a esta última, nos casos previstos nos incisos II e III, do art. 311, do Código CPC.

Pode ocorrer, entretanto, de o autor vir a impetrar mandado de segurança contra o ato *denegatório* da concessão da cautela, sem ainda aditar a petição inicial. Nesta hipótese, concedida a tutela na ação mandamental, sem que o réu impugne a decisão monocrática concessiva (relator) ou o acordão que julgou o *mandamus* (colegiado), poder-se-ia cogitar de estabilidade da tutela? Entendemos que não, pois inexistindo o aditamento o processo será *extinto*, sem resolução do mérito (CPC, art. 303, § 2.º).

Haverá, na prática, enfim, diversas situações que desafiarão a sensibilidade e a argúcia da doutrina e da jurisprudência acerca da possibilidade de a tutela ser estabilizada fora da estrita expressão literal do art. 304.

Devemos examinar, nesta quadra de nossos comentários, em que consiste a *estabilidade da tutela*, a que alude o art. 304 do CPC. Para logo, é necessário esclarecer que a *estabilidade* não se confunde com a *eficácia*. Uma decisão judicial pode ser eficaz sem ser estável, embora o inverso não se admita. *Eficácia* é a aptidão que a medida judicial concedida possui de produzir os efeitos que lhe são inerentes. Uma decisão dotada de eficácia pode ser objeto de *efetivação provisória*; *estabilidade* é a qualidade de que se reveste a decisão não impugnada, que pode, em razão disso, ser submetida à *efetivação definitiva*. Lembremos que a *efetivação*, no plano das tutelas provisórias, corresponde à *execução forçada*, própria do processo executivo.

Estabilidade também não é sinônimo de *imutabilidade*, pois aquela pode ser revista, reformada ou anulada por força de decisão de mérito proferida em processo posterior (CPC, art. 304, § 2.º), ao passo que a segunda não mais pode ser alterada, exceto em sede de ação rescisória (CPC, arts. 502 e 966).

Em termos práticos, a estabilidade da tutela, prevista no art. 304, significa que a decisão concessiva, conforme já ressaltamos, produziu coisa julgada *formal*, não podendo, em razão disso, ser revista, reformada ou invalidada *no mesmo processo em que foi proferida*, até porque este estará extinto (art. 304, § 1º). Para tanto, haverá necessidade de a parte interessada promover ação autônoma e obter sentença de mérito favorável à sua pretensão (art. 304, §§ 2º e 3º).

§ 1º Conforme dissemos, tornada estável a decisão, o processo em que foi concedida será extinto. A extinção deverá ser determinada por sentença (CPC, art. 316). Em outras palavras, a tutela sobreviverá ao próprio processo em que foi concedida, conservando a sua eficácia e tornando-se estável. Sobreviverá, enfim, à decisão que a concedeu. Como o processo foi extinto, pode-se pensar, no plano da Justiça do Trabalho, em interposição de recurso ordinário da sentença que extinguiu o processo.

Uma nótula adicional: em que pese ao fato de o art. 296 do CPC declarar que a tutela provisória pode ser, a qualquer tempo, revogada ou modificada, essa possibilidade fica afastada no caso do art. 304 do mesmo Código, porquanto, aqui, houve a extinção do processo, por meio de sentença. O art. 296 pressupõe que o processo ainda esteja *pendente*.

§ 2º Conforme dissemos, a decisão, concessiva da tutela não produz coisa julgada material (CPC, art. 502), mas, apenas, *formal*. Justamente por esse motivo, qualquer das partes poderá promover ação em face da outra, com a finalidade de rever, reformar ou mesmo invalidar a tutela estabilizada. O verbo *demandar*, utilizado pelo legislador na redação da norma, é, como afirmamos, *ação*, conforme revelam o §§ 3º e 4º do próprio art. 304 do CPC. Embora, por princípio, aquele que figurou como requerido no procedimento da tutela estabilizada possa parecer ser o único interessado em exercer a ação de que trata o § 2.º do art. 304, do CPC, devemos esclarecer que o próprio requerente poderá ter interesse em ajuizar a ação, especialmente, para revê-la, com a finalidade, digamos, de restituir-lhe a eficácia, qu teria sido reduzida pela alteração prejudicial das condições factuais que haviam levado o juiz a conceder a tutela.

A ação deverá ser exercida no mesmo juízo concessivo da tutela, em face da conexão (CPC, art. 55) existente entre ambas (CPC, arts. 284 e 286, I).

§ 3º A tutela antecipada, estabilizada, conservará os seus efeitos enquanto não for revista, reformada ou invalidada por *decisão de mérito* proferida na ação prevista no § 2º Fica evidente, portanto, que o juiz não poderá, *ex officio*, rever, reformar ou invalidar a tutela estabilizada. A lei exige a iniciativa da parte interessada (CPC, art. 299). Cumpre-nos indagar: no caso de o réu (ou requerido) vier a fazer uso da ação a que se refere o § 2º do art. 304, poderá requerer a concessão de tutela antecipada antecedente com a finalidade de cassar a tutela estabilizada? Pensamos que não, pois o § 3º do art. 304 afirma que a tutela antecipada conservará os seus efeitos enquanto não for revista, reformada ou invalidada por *decisão de mérito*. Esse assunto, entretanto, é um dos muitos que ficam abertos aos debates.

§ 4º À parte que desejar rever, reformar ou invalidar a tutela estabilizada cumprirá instruir a petição inicial com os autos em que a medida foi concedida. Com vistas a isso, deverá requerer o desarquivamento dos autos. O juízo em que a tutela havia sido concedida fica prevento para a ação a que se refere o § 2º do art. 304.

§ 5º A ação prevista no § 2º do art. 304 deve ser ajuizada no prazo de dois anos, contado da data da decisão que *extinguiu* o processo, nos termos do § 1º. Trata-se de prazo decadencial, que, por sua natureza, não se sujeita a suspensão ou interrupção.

Decorrido o prazo de dois anos, sem que a ação destinada a rever, reformar ou invalidar a tutela antecipada/antecedente, que se tornou estável, esta se tornará, definitivamente, imutável? Aqui está mais um enigma a ser desvendado pela inteligência doutrinária. Como o ato jurisdicional que concedeu a sobredita tutela traduz *decisão*, seria possível cogitar-se, em tese, do exercício de *ação rescisória* (CPC, art. 966, *caput*) destinada a modificá-la ou eliminá-la. Em que pese ao fato de a decisão concessiva da tutela não ser, em rigor, de mérito, é possível argumentar que a sua *estabilidade* (em decorrência de sua imutabilidade e de sua "indiscutibilidade": CPC, art. 502) se equipara à decisão de mérito. Ainda que assim não se entenda, a ação rescisória poderia fundar-se, analogicamente, no inciso I, do § 2.º, do art. 966, do CPC, que a prevê no caso de a decisão, mesmo não sendo de mérito, impedir "nova propositura da demanda".

A regra do § 5.º, do art. 304, do CPC – que declara extinto o direito de a parte rever, reformar ou invalidar a tutela estabilizada após dois anos da data da decisão que extinguiu o processo – constitui *exceção* ao princípio inscrito no art. 296, *caput*, do mesmo Código, segundo qual a tutela provisória (como gênero) pode ser revogada ou modificada *a qualquer tempo*. A nosso ver, portanto, não se trata, aqui, de antinomia, mas, conforme dissemos, de exceção (art. 304, § 5.º) ao mencionado princípio (art. 296, *caput*).

§ 6º Segundo havíamos destacado, a decisão concessiva da tutela não produz coisa julgada material, e sim, formal. A *estabilidade* da tutela, daí derivante, somente poderá ser afastada por decisão que a revir, reformar ou invalidar. Para isso, a parte interessada deverá demandar a adversa *em outro processo* e obter *decisão de mérito* que lhe seja favorável (art. 304, § 2º), respeitado o prazo máximo de dois anos para o exercício dessa ação (art. 304, § 5º). A correspondente decisão de mérito poderá ser objeto de ação rescisória, desde que presente, pelo menos, uma das causas indicadas nos incisos I a VIII, do art. 966, do CPC.

A decisão pertinente à tutela antecipada em caráter antecedente traz, portanto, implícita, a cláusula *rebus sic stantibus* ("estando as coisas assim"), a exemplo do que ocorre com a decisão judicial sobre alimentos, nos termos do art. 15, da Lei n. 5.478, de 25-7-1968, *verbis: "A decisão judicial sobre alimentos não transita em julgado e pode a qualquer tempo ser revista, em face da modificação da situação financeira dos interessados".*

Seção II – Do procedimento da tutela cautelar requerida em caráter antecedente

Art. 305. A petição inicial da ação que visa à prestação de tutela cautelar em caráter antecedente indicará a lide e seu fundamento, a exposição sumária do direito que se objetiva assegurar e o perigo de dano ou o risco ao resultado útil do processo.

Parágrafo único. Caso entenda que o pedido a que se refere o *caput* tem natureza antecipada, o juiz observará o disposto no art. 303.

6. Requisitos da petição inicial

Caput. Estamos diante de tutela de urgência *cautelar antecedente,* que não se confunde com a antecipada (art. 303), conquanto uma e outra pressuponham *urgência.* Todavia, a tutela cautelar antecedente – assim como a antecipada – pode ser deferida de plano (liminar) ou após justificação prévia determinada pelo juiz (CPC, art. 300, § 2.º).

A redação do art. 305 contém elementos do art. 801 do CPC revogado, inserido nas disposições gerais acerca do processo cautelar.

Vejamos os requisitos legais que a petição inicial da ação visando à obtenção de uma tutela de urgência cautelar, antecedente.

6.1. A lide e seu fundamento. Na doutrina de Carnelutti, lide é o conflito de interesses qualificado pela pretensão manifestada por um dos litigantes e pela resistência oferecida pelo outro.

Uma nótula sobre o requisito em apreço é importante: ele somente será exigido nas medidas *antecedentes,* pois não há razão lógica para impô-lo no caso das *incidentais,* em que, por definição, há um processo em curso, e nele está a indicação da lide referida pelo texto legal em foco.

A lide, a que se refere a norma legal em estudo, é o conflito de interesses que será revelado no processo principal (de conhecimento) e no qual serão formulados os pedidos daí emanantes.

Sempre que nas medidas de urgência *antecedentes* o autor deixar de mencionar a lide e seu fundamento, o juiz ordenará, por despacho, que a omissão seja sanada, sob pena de indeferimento da inicial (CPC, art. 321, parágrafo único) e de extinção do processo sem resolução do mérito (CPC, art. 485, I).

6.2. Exposição sumária do direito que se visa a assegurar. Ao utilizar o adjetivo *sumária*, após aludir à exposição, o legislador, de um lado, procurou fazer com que a narração da *causa petendi* se harmonize com o traço de sumariedade que caracteriza a cognição judicial e o procedimento concernentes às tutelas de urgência de natureza cautelar; de outro, afastou-se da regra genérica do art. 319, III, do CPC, no qual esse adjetivo não foi empregado, e, com isso, aproximou-se do sistema procedimental *ordinário* trabalhista, que recomenda "*uma breve exposição dos fatos*" (CLT, art. 840, § 1º).

Poderíamos mesmo proclamar que o processo do trabalho edificou uma regra de ordem prática, voltada às petições em geral, inspirada na máxima latina *esto brevis et placebis* (sê breve e agradarás).

Os estudos doutrinários que tinham como objeto a *causa de pedir* acabaram por produzir correntes diversas; por apego à brevidade, contudo, dediquemo-nos à apreciação de apenas duas delas, consideradas as mais expressivas e de maior prestígio.

A primeira, chamada de *teoria da substanciação*, entende ser a *causa petendi* representada pelo fato ou pelo conjunto de fatos capazes de sustentar a pretensão deduzida pelo autor, porquanto são eles que fornecem o elemento do qual promana a conclusão; a segunda, denominada de *teoria da individualização*, vê na causa de pedir a relação (ou estado) jurídica afirmada pelo autor, em que se baseia a sua pretensão, deixando o fato em um plano secundário, exceto quando for necessário à individualização da relação jurídica.

O inc. III do art. 319 do CPC revela que o legislador brasileiro perfilhou a teoria da *substanciação*, porquanto fez da narrativa dos fatos e da indicação dos fundamentos jurídicos do pedido um dos requisitos da petição inicial. O Código de 1939, aliás, não só havia adotado essa teoria, como ido mais longe em minúcias do que o atual, ao dispor que a referida peça deveria mencionar o fato e os fundamentos do pedido "*expostos com clareza e precisão, de maneira que o réu possa preparar a defesa*" (art. 158, III).

O *direito que se objetiva assegurar* não é, necessariamente, o material, podendo ser, também, o direito ao processo, direito de ação. Com efeito, não é suficiente que se assegure ao indivíduo o direito subjetivo público de invocar a tutela jurisdicional do Estado: é imprescindível que se ponha ao seu alcance um instrumento eficaz para eliminar as situações de periclitância ao direito de agir em juízo. Esse "instrumento" é a tutela de urgência.

6.3. Perigo de dano. O perigo deve ser *iminente*, vale dizer, o dano que esteja prestes a ocorrer; caso contrário, não se justificará a expedição de uma medida de urgência. Sem o *periculum in mora* (quando este for o caso) a pretensão à segurança é mero capricho do solicitante da medida.

Sobre o *periculum in mora*, como pressuposto para a concessão de providência cautelar, escrevemos em outro livro:

"É de grande importância para o assunto verificarmos, em seguida, qual deve ser a atitude do juiz na apreciação do requisito do perigo na demora.

Realçando o nosso entendimento de que na avaliação de um pedido cautelar o juiz não pode ingressar no mérito da causa (exceto nas situações que apontamos), devemos dizer que na apreciação do alegado periculum in mora ele deve ater-se aos fatos relacionados a esse pressuposto. Segundo o magistério de Liebman, o perigo na demora não é uma relação jurídica, traduzindo-se, isto sim, numa situação de fato, complexa e mutável, da qual o juiz extrairá dos elementos de probabilidade acerca da iminência de um dano ao direito da parte — direito ao processo e não direito material, insistimos em esclarecer (Unitá del Procedimento Cautelar, in Problemi, p. 108, apud, Castro Villar, obra vit., pág. 18).

Adverte Lopes da Costa que o dano deve ser provável, não sendo suficiente para a concessão da medida a possibilidade ou a eventualidade de dano, justificando que "possível é tudo, na contingência das cousas criadas, sujeitas à interferência das forças naturais e da vontade dos homens. O possível abrange assim até mesmo o que rarissimamente acontece. Dentro dele cabem as mais abstratas e longínquas hipóteses. A probabilidade é o que, de regra, se consegue alcançar na previsão. Já não é um estado de consciência, vago, indeciso, entre afirmar e negar, indiferente. Já caminha na direção da certeza. Já para ela propende, apoiado nas regras da experiência comum ou da experiência técnica" (Medidas Preventivas, 2.ª ed. Belo Horizonte, n. 43, 1958, p. 43).

Sem embargo, o receio de dano, externado pelo solicitante da medida acautelatória, deve ser fundado, ou seja, palpável, perceptível, real e não simplesmente imaginário, de modo a permitir uma constatação — o quanto possível — objetivada pelo juiz. A não ser assim, teríamos de admitir que um simples receio infundado da parte fosse suficiente para tornar exigível a outorga da providência cautelar. Com fundado receio procurou o legislador afastar do campo de apreciação judicial qualquer manifestação meramente subjetiva da parte, de avaliação difícil, imprecisa; quando não, impregnada de subjetivismo do próprio juiz.

O receio manifestado pela parte não deve, por isso, ser produto de um seu capricho ou sentimento meramente pessoal e sim de justificado temor de dano, de tal modo que o juiz não fique em dúvida quanto a isso.

É claro que mesmo regido pela cláusula do fundado receio o magistrado haverá de realizar uma prospecção, ainda que superficial, epidérmica, do perigo alegado pelo requerente. Pondera Alberto dos Reis que nem faria sentido que o juiz, para certificar-se da existência do direito (adapte-se para o dano receado) houvesse de empreender um exame tão longo, tão refletido, como o que há de efetuar no processo principal (*A figura do Processo Cautelar*, pág. 26, apud *Castro Villar, obra cit., pág 18*). *É que, nesse caso — arremata o ilustre jurista — o processo cautelar perderia a sua razão de ser: mais valeria esperar pela decisão definitiva* (idem, ibidem).

Cadernos de Processo do Trabalho n. 12 – Tutelas Provisórias

A finalidade do processo cautelar impetra, pois, um conhecimento judicial rápido, sumário, a respeito do perigo, não devendo o juiz impor à parte a prova concreta do dano e sim levar em conta, com vistas à avaliação desse pressuposto, a probabilidade de um dano proveniente da demora na composição da lide. Nesse aspecto, portanto, o processo cautelar é caracterizado por uma *summa cognitio*, que tem por objeto os fatos concernentes ao risco de dano temido pelo requerente. A iminência do dano e a consequente urgência de que a parte necessita na obtenção da providência acautelatória justificam, plenamente, a sumariedade na apreciação dos fatos — mesmo que, ao final, o juiz venha a denegar a medida solicitada.

Convém acrescentar que a plausibilidade de dano, a que nos referimos, não deve ser avaliada — em nome da *summa cognitio* que se impõe — de maneira arbitrária pelo juiz, até porque, em nenhum momento, a lei lhe atribui alguma arbitrariedade na prática de seus atos, decisórios ou não. O que a ele se reconhece, em matéria cautelar, é a discricionariedade, que não se confunde com a arbitrariedade. Apreciará o julgador, em face disso, a plausibilidade de dano sob o império das regras que informam a sua persuasão racional (CPC, art. 131), donde provém o seu dever de indicar, mesmo que laconicamente, os motivos que influíram na formação do seu convencimento sobre a periclitância do direito do requerente da cautela.

No que respeita ao autor, embora deva mencionar, na inicial, as provas que pretende produzir, não se deve pensar que no atendimento a esse ônus ele fique rigidamente atrelado aos preceitos que regem a produção das provas nos processos em geral. Daí vem que poderá o juiz admitir certos meios de justificação dos fatos, mais ou menos livres, reservando-se ao julgador o exame, segundo seu prudente arbítrio, da veracidade das alegações da parte.

Entende, por outro lado, Pontes de Miranda (conquanto o eminente jurista estivesse a comentar o art. 798 do CPC de 1973) que as medidas cautelares supõem, superveniência dos fatos e necessidade de ser mantido o *status quo ante*, definido por um equilíbrio da situação das partes (Comentários ao Código de Processo Civil, Rio de Janeiro: Editora Forense, tomo XII, 1976, pág. 17). Desta forma — segundo ele — se a possibilidade de dano preexistia ou coexistiu com a constituição da pretensão, não se deve conceder a providência acautelatória requerida, salvo se for o caso de agravamento da situação, em virtude do qual surgiu o temor novo.

É de grande utilidade aos estudos acerca de tão controvertido assunto mencionarmos, nesta quadra de nossa exposição o pensamento heterodoxo de Ovídio Baptista, que inspirado pelo desiderato de evitar que os conceitos de ação cautelar, de autonomia da ação assecurativa, a de especificidade dessa especial modalidade de tutela, correspondam a simples "abstrações doutrinárias proclamadas pelo legislador, mas negadas pela lei, ou gravemente mutiladas por uma defeituosa concepção legislativa"(*As Ações Cautelares e o Novo Processo Civil, Rio de Janeiro: Editora Forense, 1979, págs. 19/20, nota de rodapé n. 44) acaba por estabelecer, como pressupostos da ação cautelar: a) o temor de dano jurídico decorrente de uma situação objetiva de perigo; e b) a plausibilidade do direito invocado por quem pretenda obter a medida assecuratória. "Afaste-se para sempre — diz o insigne autor gaúcho — o periculum in mora que traz a ideia inafastável de dependência do processo cautelar, em primeiro lugar, e em segundo porque o dano jurídico que se pretende evitar não provém do perigo de demora decorrente da tutela jurisdicional satisfeita. Se não houver, além desse elemento, mais a situação objetiva de periclitação do interesse, não se comporá o suporte da ação cautelar"* (idem, ibidem*).*

É justo — e por isso elogiável — o empenho de Ovídio Baptista em deitar por terra o inveterado pressuposto doutrinário do *periculum in mora*, como forma de evitar qualquer insinuação de dependência do processo cautelar em relação a um presuntivo processo principal. Nós mesmos afirmamos, no início deste item, que as providências cautelares de índole administrativa, como sendo, em regra, *auto-eficazes, não mantêm liames de dependência com outro processo (principal). Em rigor, sequer todas as providências assecurativas de natureza tipicamente jurisdicional estão submetidas a esse suposto nexo de dependência; em verdade, o processo cautelar apenas antecede (quando for o caso, à evidência) ao processo principal, sem que se possa vislumbrar nesse fato cronológico um elemento caracterizador de dependência. Bem sabemos da autonomia teleológica — e também ontológica — do processo cautelar, tanto sob o prisma da doutrina quanto da sistematização legal (...).*

A peculiar e talentosa construção realizada por Ovídio Baptista necessita, porém, de maior explicitação. Ao conceber como pressupostos da ação cautelar o temor de dano jurídico proveniente de uma situação objetiva de perigo e a plausibilidade do direito invocado pelo requerente da medida, parece ficar sem explicação razoável o primeiro requisito diante daquelas providências assecurativas de feição administrativa, que podem ser concedidas sem que haja qualquer "temor de dano jurídico"; a justificação, e.g., pode destinar-se a simples documentação do fato ou da relação jurídica sem caráter contencioso (...). Além disso, a absoluta desvinculação do processo cautelar jurisdicional do processo principal pode fazer com que, em uma situação ideal, os conflitos de interesses venham a ser dirimidos dentro de curto espaço de tempo, de sorte a permitir que a parte consiga a sentença satisfativa com a mesma celeridade que obteria a medida acautelatória, tornando, assim, desútil a existência do processo cautelar (esse fato encontraria razões lógicas na doutrina que justifica o processo cautelar como instrumento de tutela do processo de que resultará o provimento satisfeito). De outro ponto, se o processo cautelar não visa (e isso é certo) à tutela do direito material subjetivo, nem do direito ao processo satisfativo (pois com ele não se relaciona segundo Ovídio

Baptista), fica difícil de entender qual o direito invocado pela parte, cuja plausibilidade figuraria como pressuposto da ação assecuratória.

Em todo o caso, o pensamento do festejado jurista representa uma valiosa contribuição à árdua tentativa de acertamento e consequente homogeneização doutrinária desta disciplina polimórfica e ardilosa, que ainda está a desafiar a todos. Essa tarefa se torna sensivelmente dificultada não apenas pelo fato de haver uma profunda desarmonia no corpo doutrinal, mas também porque a lei e a doutrina ainda não se entenderam nesse assunto.

Do resultado dessa generalizada cizânia haveremos de extrair o melhor, com vistas à elaboração — científica o quanto possível — de *lege ferenda* de um código de processo do trabalho, sobre cuja necessidade de instituição ninguém opõe dúvidas. A mera concordância de todos quanto a isso, contudo, não basta: urge que alguém, na medida do seu círculo de influência pessoal ou de prestígio da classe a que pertença, tome a iniciativa de despertar a consciência política para tamanha necessidade" (As Ações Cautelares no Processo do Trabalho, São Paulo: LTr Editora, 5.ª edição, 2005, págs. 145/146).

6.4. Risco ao resultado útil do processo. Refere-se ao processo de conhecimento, não ao cautelar. Por meio do processo cognitivo, o autor pretenderá ver reconhecido o seu direito a um bem ou a uma utilidade da vida. Esse é o resultado útil do processo. Caso esse resultado possa estar em risco, a parte terá à sua disposição a tutela de urgência antecipada, de natureza cautelar, para assegurar esse resultado.

Os requisitos para a validade formal da petição inicial da ação que visa a obter a tutela de urgência em caráter antecedente, entretanto, não se resumem à indicação da lide, ao seu fundamento, à exposição sumária do direito que se pretende assegurar, ao perigo de dano e ao risco ao resultado útil do processo, como se lê do art. 305, *caput*. Esse instrumento de provocação da atividade jurisdicional acautelatória deve, ainda, conter os elementos exigidos pelo art. 319, a saber:

Juízo a que é dirigida (juiz, tribunal). Esse é o primeiro requisito objetivo, a que a petição inicial deve atender, nos termos do art. 319, I, do CPC. A CLT determina que essa petição contenha a *"designação do juízo"* (art. 840, § 1º). Tratando-se, contudo, de matéria que integra a competência originária dos tribunais (ação rescisória, mandado de segurança, ação coletiva etc.), a petição inicial, também no processo do trabalho, indicará, no seu cabeçalho, o tribunal a que é encaminhada. A propósito, o CPC revogado fazia referência à indicação *do juiz* (art. 282, I); o Código atual, em melhor técnica, se refere ao *juízo*.

O problema de se saber a quem a inicial deve ser dirigida se resolve, sem maiores dificuldades, segundo as normas legais definidoras da competência dos diversos órgãos jurisdicionais; algumas dessas normas são de ordem constitucional, como é o caso do art. 114, da Suprema Carta, que fixa a competência material da Justiça do Trabalho. De ordinário, a competência *territorial* dos órgãos da Justiça do Trabalho é definida pelo art. 651, da CLT.

Seja como for, não deve a parte mencionar o nome do juiz, como destinatário da petição inicial, pois este não atua, na qualidade de diretor do processo, como pessoa física, senão como órgão estatal. Evite-se, pois, o *personalismo judicial*. Assim, no primeiro grau da jurisdição trabalhista a inicial deve ser dirigida à Vara do Trabalho ou ao Juízo de Direito que se encontrar, circunstancialmente, investido nessa jurisdição especializada — vale dizer, ao órgão jurisdicional (CLT, art. 668). Demais, a referência nominal ao juiz pode insinuar uma certa intimidade da parte com o magistrado, o que é de todo desaconselhável, em decorrência do dever de neutralidade a que este se acha legalmente jungido. Sob este ângulo, podemos dizer que o juiz é sujeito não só desinteressado, como impessoal, do processo. É claro que o juiz não constitui uma abstração no mundo fenomênico, não é uma espécie de entidade mediúnica; ao contrário, ele é um elemento real e palpável, a quem a lei atribuiu o encargo de reger o processo, com vistas à solução dos conflitos de interesses que forem submetidos à sua cognição. Os traços pessoais da vida do magistrado só adquirem relevância para efeito de configurar a suspeição, proveniente, dentre outras coisas, de amizade íntima com o autor ou de inimizade com o réu.

De resto, a inaplicabilidade, ao processo do trabalho, do princípio da identidade física do juiz (TST, Súmula n. 136) demonstra a absoluta desrazão dos que costumam indicar, na petição inicial, o nome do magistrado que, naquele momento, está respondendo pelo órgão jurisdicional. Não só na inicial, mas em qualquer petição, portanto, deve ser evitada essa *nominalidade*, esse culto injustificável à personalidade do magistrado.

Tratando-se de cautelar requerida antecedentemente, ou seja, não incidental, a petição inicial será dirigida à autoridade judiciária que seria competente para conhecer da ação principal (CPC, art. 299, *caput*).

Reafirmemos: a petição inicial à regras de competência, fixadas pelo art. 114, da Constituição Federal, pelo art. 651 da CLT e, subsidiariamente, pelas disposições do CPC, naquilo que forem compatíveis com o processo do trabalho (CLT, art. 769) — sem prejuízo de nosso pensamento de que as *medidas de urgência* (especialmente, a cautelar), em situações *excepcionais*, podem ser emitidas por órgão jurisdicional *relativamente incompetente*, a quem, em consequência, a petição inicial será dirigida.

Qualificação do requerente e do requerido. A indicação dos nomes, dos prenomes, do estado civil, da existência de união estável, da profissão, do número de inscrição no Cadastro de Pessoas Físicas ou no Cadastro Nacional da Pessoa Jurídica, do endereço eletrônico, do domicílio e da residência do autor e do réu se destina não só a identificá-los como pessoas, com vistas ao exame da legitimidade (pertinência subjetiva da ação), mas também a evitar certas confusões provenientes de eventual homonímia e, ainda, a permitir verificar eventual litispendência ou coisa julgada. Mesmo na Justiça do Trabalho, há necessidade da qualificação das partes e da indicação do domicílio e da residência de ambas. O endereço, quanto ao réu, tem a finalidade precípua de possibilitar a sua citação, embora também se destine à comunicação dos demais atos do procedimento. No que tange ao autor, a exigência de a inicial conter o seu endereço tem em conta permitir-lhe a comunicação de tais atos. Se a parte mudar de endereço, sem disso dar ciência ao juízo, considerar-se-ão válidas as comunicações enviadas para o endereço constante dos autos.

Verificando, o juiz, que a peça vestibular não fornece o endereço do autor, deverá intimá-lo, na pessoa do seu advogado, se houver, para suprir a omissão, no prazo que lhe for assinado, sob pena de a inicial ser indeferida e o processo, extinto sem resolução do mérito (CPC, arts. 321 e 485, I).

Os fatos e os fundamentos jurídicos dos pedidos formam a causa de pedir (*causa petendi*).

Fatos, para os efeitos dos art. 840, § 1º, da CLT, e 319, III, do digesto processual civil, não compreendem apenas os acontecimentos da vida, mas, também, aqueles sucessos que se acham abstratamente previstos em lei. São, pois, fatos jurídicos, cuja subsunção à norma legal incidente é obra que compete ao juiz (*da mihi factum, dabo tibi ius*). Incumbe às partes, portanto, proceder à narração (fiel) dos fatos, e, ao juiz, à (precisa) categorização jurídica dos mesmos.

Em termos práticos, isso equivale a afirmar que eventual erro do autor, na categorização jurídica dos fatos expostos na inicial, em nada o prejudicará porquanto essa conformação dos fatos ao ordenamento jurídico é mister que está afeto ao juiz. O processo do trabalho, mais do que qualquer outro, deve mostrar-se sensível a essa possibilidade de o juiz corrigir ocasional equívoco do autor na tipificação jurídica dos fatos, em nome do princípio da simplicidade — cada vez mais vergastado pelo formalismo injustificável que se vem instalando no âmbito desse processo. Referida providência judicial só não deverá ser adotada se passível de acarretar manifesto prejuízo ao direito de defesa do réu. De outro extremo, se o autor conferiu exata categorização jurídica aos fatos, mas formulou erroneamente os pedidos, não será lícito ao juiz realizar a necessária adequação dos pedidos. A solução, que se dá aqui ao problema, é diversa da sugerida no tocante à mera imperfeição na categorização dos *fatos* porque o juiz se encontra legalmente vinculado aos pedidos formulados pelo autor (CPC, art. 492). É por esse motivo que falamos, em linhas anteriores, no *princípio da adstrição aos pedidos* (Pontes de Miranda), que é subordinante da entrega da prestação jurisdicional, inclusive a trabalhista, exceto em sede de ação coletiva.

Não deve o autor, porém, relatar todo e qualquer fato que se relacione com o seu contrato de trabalho; cabe-lhe realizar uma prévia seleção desses fatos e indicar, somente, aqueles que sejam relevantes para a causa, tendo em vista os pedidos que pretende formular. Fatos que não se vinculem a esse objetivo são insignificantes, devendo, em decorrência disso, ser postos de lado. Podemos, por isso, enunciar a regra de que, considerado em si mesmo, o fato não é relevante nem irrelevante; a sua relevância ou irrelevância será determinada pelo pedido que o autor desejar formular em juízo. O fato, p. ex., de ele trabalhar em local insalubre é relevante (essencial, mesmo) para a causa em que esteja pleiteando o adicional correspondente; será, contudo, despiciendo numa demanda em que postule, exclusivamente, reintegração no emprego.

Como assinalamos no início deste comentário, não é bastante, para atender às exigências legais (e, por certo, aos ditames do bom senso), que o autor narre, tão só, os fatos relevantes; é imprescindível que o faça de modo preciso, claro e conciso, ou seja, com especificação, nitidez e brevidade, sob pena de não serem compreendidos pelo juiz, ou, se forem, tornar-se maçante a leitura de sua narração.

Acrescentemos que a exposição dos fatos, além disso, deve obedecer a uma sequência lógica, ordenada, de tal forma que fluam com leveza e naturalidade, do primeiro ao último. Poucas coisas provocam tanta irritação no leitor quanto as narrações a que denominamos de "dessultórias", assim conceituadas aquelas em que o narrador salta de um fato para outro, vai ao fim e retorna ao começo, e nisso se consome, emaranhando e encambulhando os fatos com esses tumultuantes volteios do seu pensamento, que só fazem render tributos à obscuridade ou à ambiguidade, além de instalar uma justificável irritação no espírito do juiz e do adversário.

Fundamentos jurídicos do pedido. Após realizar a exposição dos fatos, o autor deverá mencionar os fundamentos jurídicos de sua pretensão. Tais fatos e fundamentos compõem, assim, a causa de pedir e revelam os motivos pelos quais o autor está a impetrar a prestação da tutela jurisdicional.

A ausência da *causa petendi* tornará inepta a petição inicial (CPC, art. 330, I e § 1º) e ensejará a extinção do processo, sem pronunciamento sobre as questões de fundo, da demanda (CPC, art. 485, I), se o autor não a emendar ou a complementar no prazo de quinze dias (art. 321).

Conforme escrevemos, em linhas pretéritas, nos domínios doutrinais formaram-se duas correntes acerca da causa de pedir, que vieram a desembocar nas teorias: a) da *substanciação* e b) da *individuação*. Diz-se, pela primeira, de origem germânica, que a *causa petendi* corresponde ao fato ou ao conjunto factual capaz de fundamentar as pretensões do autor, pois é dele que emana a conclusão (pedido). Dessa forma, é bastante que o autor aponte a relação jurídica substancial, da qual decorre o seu pedido, para que a causa de pedir se defina. A segunda, também nascida no seio da doutrina alemã, considera que a causa de pedir é a relação ou estado jurídico afirmado pelo autor como base de sua pretensão, colocando-se, com isso, o fato em posição secundária, salvo quando indispensável para individualizar a relação jurídica. Em suma, a *causa petendi*, para essa teoria, é formada pelos fatos alegados e pela correspondente repercussão que esses fatos produzem na ordem jurídica.

Não versando, nosso comentário, sobre norma que trate de teoria geral do processo não nos cabe, aqui, entretecer demorados comentários a respeito de outros aspectos concernentes às teorias citadas. Peculiarmente, contudo, o art. 840, § 1º, da CLT, não menciona os fundamentos jurídicos do pedido como um dos requisitos da petição inicial. Teria havido, nisso, mera inadvertência do legislador, ou, ao contrário, uma efetiva intenção de dispensar a inicial trabalhista da indicação desses fundamentos? Por outras palavras: no processo do trabalho a *causa petendi* estaria circunscrita aos fatos?

Antes de respondermos a essa indagação, devemos investigar em que consistem, verdadeiramente, os fundamentos jurídicos do pedido, exigidos pelo processo civil.

Apressemo-nos em esclarecer que fundamentos jurídicos e fundamentos legais, ao contrário do que se tem imaginado, não são a mesma coisa. Enquanto estes últimos se referem aos dispositivos constantes do ordenamento normativo (leis, cláusulas contratuais ou inseridas em acordos ou convenções coletivas, ou, ainda, em acórdãos proferidos pelos tribunais, no exercício da jurisdição normativa), que atribuem ao autor o direito alegado, aqueles constituem a moldura jurídica dos fatos narrados, ou seja, a relação jurídica em que se baseiam os pedidos. Os fundamentos jurídicos, por estarem ligados ao objeto do processo, são extremamente importantes, entre outras coisas, para: a) aferir a juridicidade dos pedidos; b) determinar a individuação da demanda, com a finalidade de configurar a existência, ou não, de litispendência; c) estabelecer os limites — subjetivos e objetivos — da coisa julgada material.

Demais, conquanto o juiz possa apreciar os pedidos por fundamentos legais diversos dos apresentados pelo autor não lhe será lícito fazê-lo por fundamentos jurídicos não indicados pela parte.

Exaradas essas considerações, devemos concluir que, a despeito do silêncio do art. 840, § 1º, da CLT, a petição inicial, no processo do trabalho, deve referir os fundamentos jurídicos do pedido, que não se confundem, como procuramos demonstrar, com os fundamentos legais. Para clarificar: embora não se exija (mas, também, não se proíba, como é óbvio) ao autor a indicação, na inicial, dos dispositivos legais que, segundo ele, estariam a conter o direito alegado, não lhe será permitido deixar de especificar, nessa peça postulatória, os fundamentos jurídicos do pedido, que são integrados, num sentido geral, pela relação jurídica, pelos fatos constitutivos e pela violação do direito, praticada pelo adversário.

Estatuía o art. 264, *caput*, do CPC revogado, que após a citação do réu o autor somente poderia modificar a causa de pedir (e o pedido) mediante o consentimento daquele, concluindo, o parágrafo único desse dispositivo, que a modificação não seria admissível, em nenhuma hipótese, após o saneamento do processo. Perguntávamos, na altura, se essa norma incidiria no processo do trabalho; e nós mesmos respondíamos: "sim, em termos". Argumentávamos que o que parecia ter levado o legislador processual civil a redigir o normativo em exame fora o fato de que qualquer modificação da *causa petendi* após a citação do réu poderia trazer prejuízo a este, pois o prazo para a contestação era legalmente preestabelecido (art. 297). No processo do trabalho, contudo, onde a resposta é oferecida em audiência, isto é, sem prazo fixo, não haja razão para obstar-se a modificação da causa de pedir, mesmo após a citação. Dava-se que, de ordinário, a audiência era realizada muitos meses depois de praticado o ato citatório, motivo por que deveria ser permitida a modificação de que estávamos a cuidar. É elementar que se deveria definir um prazo máximo, para que dita modificação pudesse ser feita. Assim sendo, poder-se-ia consenti-la desde que fosse assegurado ao réu o prazo mínimo de cinco dias, de que fala o art. 841, § 1º, da CLT, que seria quadruplicado no caso de tratar-se de pessoa jurídica abrangida pelas prerrogativas instituídas pelo Decreto-Lei n. 779/69 (art. 1º, inciso II). Não havendo, no processo do trabalho, despacho saneador, a modificação da *causa petendi* poderia ser autorizada, uniformemente, de acordo com o critério que de sugeríamos. O que não nos parecia recomendável era a estrita aplicação ao art. 294, do CPC, pois isso só faria render homenagem aos rigores formalísticos daquele processo, que não se coadunavam com a simpleza que deveria presidir o do trabalho.

O CPC atual permite o aditamento ou a alteração do pedido e da causa de pedir: a) independentemente de consentimento do autor, até a citação; b) com a anuência do réu, até o saneamento do processo (art. 329).

O pedido e suas especificações. A CLT, em seu art. 840, § 1º, como não poderia deixar de ser, faz expressa referência ao *pedido*.

Dada a importância de que se reveste o pedido, no corpo da petição inicial, em particular, e no contexto do processo, em geral, a ele dedicaremos comentário específico, mais à frente. Essa importância pode ser mensurada pelo fato de o pedido constituir-se numa espécie de bitola que delimita a lide, e, em consequência, a própria entrega da prestação jurisdicional. Rememore-se a advertência feita pelo art. 141, do CPC, de que o juiz deve solucionar o mérito *"nos limites propostos pelas partes"*. Mencionemos, também, o art. 492.

Por enquanto, devemos apenas antecipar que o pedido constitui o objeto da demanda, o motivo, enfim, pelo qual alguém ingressa em juízo para impetrar a prestação da tutela jurisdicional. Ninguém vai a juízo, simplesmente, por ir; provoca-se o exercício da função jurisdicional do Estado para formular pedidos, para deduzir pretensões, vinculadas a bens ou a utilidades da vida. Podemos, na verdade, classificar os pedidos em *imediatos* e *mediatos*. O *imediato* consiste, exatamente, na referida invocação da tutela jurisdicional; aqui, o indivíduo se limita a ativar essa função estatal. O *mediato* é representado pela utilidade ou pelo bem da vida, que o autor pretende obter, ao impetrar a proteção jurisdicional do Estado. Essa é a mais pura razão pela qual ele ingressa e juízo.

A propósito, as partes (e o autor, em especial), têm uma visão eminentemente pragmática do processo, diferente, portanto, daquela que muitas vezes os magistrados possuem — escolástica, com algum menosprezo à realidade concreta.

Como dissemos, um exame mais aprofundado da matéria será realizado mais adiante.

7. A questão dos pedidos líquidos

A Lei n. 13.467/2017 deu nova redação ao art. 840, § 1.º, da CLT, que passou a ser a seguinte: "Sendo escrita, a reclamação deverá conter a designação do juízo, a qualificação das partes, a breve exposição dos fatos de que resulte o dissídio, *o pedido*, que deverá ser certo, determinado e *com indicação de seu valor*, a data e a assinatura do reclamante ou de seu representante" (destacamos).

Sobre esse assunto, escrevemos em outro livro:

> *"A imposição para que a peça de provocação da atividade jurisdicional do Estado contenha pedidos líquidos surgiu com a Lei n. 9.099, de 26-9-1995, que dispôs sobre os Juizados Especiais Cíveis e Criminais. Lê-se no art. 14, § 1.º, da precitada norma legal: "Do pedido constarão, de forma simples e em linguagem acessível: I – (...); II – (...); III – o objeto e seu **valor**" (destacamos). Ulteriormente,*

a Lei n. 9.957, de 12-1-2000, que alterou a CLT para introduzir no sistema do processo do trabalho o procedimento sumariíssimo[3], também passou a exigir que a petição inicial indicasse o valor do pedido (CLT, art. 825-B, I).

Essa última norma legal atribuiu a seguinte redação ao art. 852-I, § 2.º, da CLT: "Não se admitirá sentença condenatória por quantia ilíquida". Estabelecia-se, desse modo, uma sistematização harmônica dos dispositivos dessa Lei, porquanto se passou a exigir que se apresentassem líquidos: a) os pedidos constantes da inicial; e b) a condenação imposta pela sentença. Deu-se, porém, que o Sr. Presidente da República vetou o § 2.º do art. 852-I, da CLT,[4] quebrando, com isso, a sistematização harmoniosa a que nos referimos há pouco, pois ficou mantida a exigência de que a inicial contivesse pedidos líquidos, embora se tenha dispensado a sentença de trazer condenação líquida. Diante disso (e considerando que o valor definidor do procedimento não era o dos pedidos, e sim, o da causa), perguntávamos: qual a utilidade de os pedidos expressos na inicial serem líquidos, se poderiam ser alterados – como, geralmente, acontecia – pela contestação, pelas provas que a instruíssem, por outras provas produzidas em audiência ou mediante perícia?

Essas indagações, formuladas há cerca de 17 anos, não se justificam em face da nupérrima redação atribuída ao § 1.º, do art. 840, da CLT, porquanto, aqui, a imposição de pedidos líquidos não se vincula à sentença, senão que, conforme veremos, ao princípio da sucumbência (CLT, art. 791-A).

Pois bem. O § 1.º, do art. 840, da CLT, exige que da petição inicial conste o valor do pedido, vale dizer, de cada pedido. Não se suponha, portanto, que a exigência legal estaria cumprida com a indicação do valor total dos pedidos apresentados de maneira ilíquida.

A nova redação dada a esse preceptivo legal visou, a um só tempo, a atender:

a) a preceito de ordem ética, por modo a impedir a formulação de pedidos ilíquidos, ou, se líquidos, que excedam à própria repercussão pecuniária daquilo que o direito invocado concede. É oportuno observar que, não raro, alguns autores, mesmo podendo indicar o valor de cada pedido lançado na inicial, vinham se omitindo em fazê-lo, motivados por uma estratégia ardilosa destinada a fazer supor ao réu tratar-se de uma causa de pequena repercussão econômico-financeira, levando-o a negligenciar na elaboração da defesa. Acrescente-se a isso, o hábito de tais autores atribuírem à causa um valor muito inferior ao que decorreria da

---

(3) Os adjetivos que apresentam "io" antes de uma consoante fazem o superlativo em dois "ii": friíssimo, necessariíssimo, seriíssimo, sumariíssimo. Não havendo consoante antes de "io", o superlativo apresenta apena um "i": feíssima, cheíssima, dulcíssima (SACCONI, Luiz Antonio; *Não Erre Mais!*, São Paulo: Editora Ática, 9.ª ed., 1987, pág. 50).

(4) Foram estas as razões do veto: *"O § 2.º do art. 852-I não admite sentença condenatória por quantia ilíquida, o que poderá, na prática, atrasar a prolação das sentenças, já que se impõe ao juiz obrigação de elaborar cálculos, o que nem sempre é simples de se realizar em audiência. Seria prudente vetar o dispositivo em relevo, já que a liquidação por simples cálculo se dará na fase de execução da sentença, que, aliás, poderá sofrer modificações na fase recursal".*

soma dos pedidos (se fossem apresentados de maneira líquida), e ter-se-á a medida da conveniência da estratégia processual que mencionamos;

b) a uma regra pragmática, porquanto será da diferença entre o valor do pedido, indicado na inicial, e o valor do acolhido pela sentença que se fará incidir o princípio da sucumbência (CLT, art. 791-A), por força do qual o autor será condenado a pagar honorários de advogado à parte contrária, naquilo em que não tiver êxito (CLT, art. 791-A, § 3.º). Estabelece essa norma legal: "Na hipótese de procedência parcial, o juízo arbitrará honorários de sucumbência recíproca, vedada a compensação entre os honorários".

É importante rememorarmos a Justificativa do Projeto de Lei n. 6.787/2016 para atribuir nova redação ao § 1.º, do art. 840, da CLT: "As alterações promovidas no art. 840 têm como fundamento principal exigir que o pedido, nas ações trabalhistas, seja certo, determinado e que tenha o seu valor devidamente indicado. A exigência de que o pedido seja feito de forma precisa e com conteúdo explícito é regra essencial para garantia da boa-fé processual, pois permite que todos os envolvidos na lide tenham pleno conhecimento do que está sendo proposto, além de contribuir para a celeridade processual com a prévia liquidação dos pedidos na fase de execução judicial, evitando-se novas discussões e, consequentemente, atrasos para que o reclamante receba o crédito que lhe é devido".

Não se ignora que, na prática, os autores encontrarão dificuldade para formular pedidos com valor expresso, por não disporem, no momento de elaborarem a petição inicial, de elementos concretos e fidedignos, que os possibilitem definir esses valores. Haverá casos em que a indicação do valor do pedido será inviável ou injustificável, como quando: a) somente mediante exame pericial contábil for possível apurar-se o valor das comissões devidas ao autor da ação; b) o autor pedir adicional de insalubridade, no grau máximo, e a perícia concluir pela existência de insalubridade, digamos, em grau mínimo. Neste último caso, omo o autor poderia definir, a priori, o valor correto do pedido, se a própria classificação do grau de insalubridade dependia de exame pericial (CLT, art. 195, § 2.º)? Para situações que tais, deverá ser admitida a formulação de pedido genérico, com fundamento no inciso II, do art. 324, do CPC. A propósito, uma advertência se faz necessária: o sentido genérico do pedido, a que se refere a norma processual mencionada, reside em seu aspecto quantitativo (quantum debeatur), não em seu elemento ontológico (an debeatur). Se assim não fosse, haveríamos de concluir que a norma autorizaria, até mesmo, as postulações incertas. Hoje, em nosso meio, a certeza é um elemento que deve estar presente não só na inicial, como na sentença, pois esta deve ser certa, ainda quando resolva relação jurídica condicional (CPC, art. 492, parágrafo único). A condição é elemento de direito material e está prevista no art. 121 do Código Civil: "Considera-se condição a cláusula que, derivando exclusivamente da vontade das partes, subordina o efeito do negócio jurídico a evento futuro e incerto".

Haverá também situações em que a definição do valor dos pedidos somente será possível após a apresentação de documentos que se encontram em poder do réu.

Nesta hipótese, poderão ser adotados alguns procedimentos, a saber:

*a) para que a petição inicial expresse, desde logo, o valor dos pedidos, incumbirá ao autor ingressar com pedido de tutela de urgência de natureza cautelar (CPC, art. 301) ou com ação de produção antecipada de prova (CPC, art. 381), fundando-se no art. 324, § 1.º, III, do CPC, assim redigido: "§ 1.º É lícito, porém, formular pedido genérico: I – (...); III - quando a determinação do objeto ou do **valor** da condenação **depender de ato a ser praticado pelo réu"** (destacamos). Apresentados os documentos necessários, os pedidos deverão ser liquidados antes de serem postos na inicial;*

b) para que o valor seja fixado após a apresentação da defesa, o autor deverá suscitar o incidente de exibição de documentos, regulado pelos arts. 396 a 404, do CPC; exibidos os documentos, o juiz concederá prazo para que o autor emende a petição inicial, no prazo de quinze dias, indicando o valor dos pedidos formulados (CPC, art. 321, caput), sob pena de indeferimento da petição inicial (ibidem, parágrafo único).

Dir-se-á, talvez, que a possibilidade de haver essa emenda encontra óbice no art. 329, II, do CPC, que permite o aditamento ou a alteração do pedido e da causa de pedir, após o saneamento do processo, somente se houver consentimento do réu. Se assim se alegar, devemos contra-argumentar, em caráter proléptico, que a emenda à inicial, de que estamos a tratar, não implicará aditamento nem alteração do pedido. Expliquemo-nos. Aditamento e modificação não se confundem. Aquele representa o acréscimo quantitativo de pedidos, vale dizer, a inclusão, na mesma causa, de pedidos inicialmente omitidos; esta não implica a formulação de novos pedidos, senão que a modificação dos já existentes (ou da causa de pedir).

Ora, se o juiz do trabalho conceder prazo para que o autor, após haver obtido do réu os documentos necessários, indique o valor dos pedidos formulados na inicial, não estará autorizando nenhum aditamento e nenhuma alteração, se não que permitindo ao autor emendar a petição inicial, a fim de dar cumprimento à determinação contida no § 1.º, do art. 840, da CLT, para que o pedido possua uma expressão pecuniária. Efetuada a emenda, juiz concederá prazo de quinze dias, ao réu, para que se manifeste a respeito. Especificamente para essa finalidade, pode-se invocar a incidência analógica do disposto no inciso II, do art. 329, do CPC.

Em síntese:

g) a redação do § 1.º, do art. 840, da CLT, é inequívoca ao determinar que os pedidos lançados na inicial sejam formulados de maneira líquida, vale dizer, com a indicação do correspondente valor;

h) as razões pelas quais a Lei n. 13.467/2017 deu nova redação a esse dispositivo legal estão intimamente vinculadas a preceito ético e a regra pragmática – esta última, ligada ao princípio da sucumbência, trazido por essa mesma norma legal, mediante a inserção, na CLT, do art. 791-A;

i) para que a petição inicial expresse, desde logo, o valor dos pedidos – mas o autor não disponha de dados ou elementos para isso --, ele poderá ingressar com ação de tutela de urgência de natureza cautelar *(CPC, art. 301) ou com ação de produção antecipada de provas (CPC, art. 381), fundando-se no art. 324, § 1.º, III, do CPC;*

j) para que o valor seja fixado após a apresentação da defesa, o autor não fará, desde logo, na inicial, a indicação do valor do pedido, reservando-se (mediante requerimento dirigido ao juízo) para mencionar esse valor: d.a) após a apresentação da defesa, caso seja instruída com os elementos necessários à fixação do valor do pedido; d.b.) mediante a suscitação do incidente de exibição de documentos, regulado pelos arts. 396 a 404, do CPC, caso a defesa se apresente desacompanhada de documentos. Em ambos as situações, o juiz concederá o prazo de quinze dias para que o autor emende a petição inicial, indicando o valor dos pedidos formulados (CPC, art. 321, caput*), sob pena de indeferimento dessa petição (*ibidem, parágrafo único*);*

k) a exigência estampada no § 1.º, do art. 840, da CLT, também incide no caso de pedidos alternativos (CPC, art. 325), subsidiários (ibidem, art. 326) e cumulados (ibidem, art. 327). Para efeito de fixação do valor da causa (CPC, art. 291) deverão ser observados os incisos VII, VII e VI, respectivamente, do art. 292, do CPC;

l) em determinados casos, será lícito ao autor formular pedido genérico, com fulcro no inciso II, do art. 324, do CPC, hipótese em que a fixação do valor será estabelecida pela sentença ou diferida para a fase de liquidação (CLT, art. 879).

Cremos que não estaremos sendo acometidos de cerebração fantasiosa se afirmarmos que a imposição legal de formulação de pedidos líquidos terá caído como uma espécie de meteoro arrasador no cenário do processo do trabalho, por forma a gerar intensa inquietação tanto no espírito dos advogados quanto no dos juízes. Nos advogados, porque sobre eles recai a responsabilidade e a dificuldade de formulação de pedidos com valor líquido, situação agravada pelo risco da sucumbência; nos magistrados, porque poderão ser levados a apreciar infindáveis ações com pedido de tutela de urgência de natureza cautelar ou incidentes de exibição de documentos, ou a exarar incontáveis despachos, determinando que o autor emende a petição inicial, sob pena de indeferimento, por forma a sobrecarregar, ainda mais, o volume de trabalho nos gabinetes desses magistrados.

Nem mesmo o processo civil, com sua tradição formalista, se atreveu a impor que o pedido se apresentasse líquido, na inicial. O art. 319, IV, do CPC, mais sensato, exige que o pedido seja acompanhado de "suas especificações". Nem mesmo por antonomásia se poderá considerar os vocábulos especificação e valor como sinônimos entre si.

A exigência de indicação do valor dos pedidos, na inicial, não conflita com o art. 879, da CLT, que prevê a liquidação da obrigação materializada na sentença condenatória. Enquanto a menção do valor do pedido, na inicial, está vinculada, conforme dissemos, ao princípio da sucumbência, a liquidação se destina a quantificar o valor da condenação – que será, posteriormente, cotejado com o do pedido, para efeito da sucumbência.

Cadernos de Processo do Trabalho n. 12 – Tutelas Provisórias

No caso de revelia – que se configura pela ausência injustificada de contestação –, o juiz, em nome da presunção legal de veracidade dos fatos alegados na petição inicial (CLT, art. 844, caput; CPC, art. 344), não estará obrigado a impor ao revel uma condenação segundo os valores apontados na inicial, desde que possa demonstrar que esses valores são exorbitantes, à luz das normas legais ou convencionais incidentes.

Rememoremos que o efeito da revelia incide, unicamente, sobre fatos; não, sobre normas legais.

Se o juiz entender que o autor possui condições de indicar o valor dos pedidos estampados na inicial, mas não o fez, não deverá, de plano, indeferir essa petição, como parece constar do § 3.º, do art. 840, da CLT: cumprir-lhe-á aplicar o art. 321, do CPC – de manifesta compatibilidade com o processo do trabalho –, determinando que o autor supra a falha, no prazo de quinze dias. Somente se o autor não atender a esse despacho é que a petição inicial deverá ser indeferida (CPC, art. 321, parágrafo único), com a consequente extinção do processo sem resolução do mérito (CPC, art. 485, I).

Por outro lado, cumprirá ao magistrado ser extremamente cauteloso na aplicação do art. 791-A, da CLT, consagradora do princípio da sucumbência. Como critério, alvitramos que faça incidir a precitada norma legal, em princípio, apenas no caso de comprovada má-fé, por parte do autor (CPC, art. 80), quanto à fixação do valor dos pedidos, sob pena de o magistrado perpetrar grave injustiça (summa ius, summa iniuria, advertimos). Nem se ignore o fato de, em alguns casos, o autor haver ingressado em juízo sem advogado, conforme lhe faculta o art. 791, caput, da CLT, elaborando, ele mesmo, a petição inicial, ou vir a fazer uso da faculdade que lhe defere o § 2.º, do art. 840, da CLT, exercendo, de modo oral, o direito constitucional de ação. Também neste último caso ele deverá apresentar ao serventuário os valores exatos de seus pedidos?

Nas duas situações supracitadas, a regra do § 1.º do art. 840, da CLT, se for interpretada à risca, ou seja, em sua expressão unicamente literal, beira a surrealismo institucional.

Perguntamos: para serem evitadas as dificuldades e os contratempos derivantes do atendimento ao disposto no § 1.º, do art. 840, da CLT, não seria possível entender que o valor a que se refere essa norma legal poderia ser apenas estimado pelo autor e não, necessariamente, exato, preciso?

Em que pese ao fato de essa interpretação parecer estar mais adequada aos princípios do processo do trabalho, devemos advertir que ela traz menos segurança jurídica ao autor. Expliquemo-nos. Conforme afirmamos há pouco, os honorários de sucumbência serão calculados entre a diferença do valor indicado na inicial e o que foi objeto da sentença condenatória. No caso de entender-se que o valor deva ser exato, o autor poderá valer-se de um dos procedimentos que sugerimos em linhas anteriores, fato que reduzirá, expressivamente, o risco da sucumbência. Caso, porém, cogitemos de um pedido apenas estimado, o risco será enorme. Digamos que o autor haja estimado, na inicial, em R$ 50.000,00 o valor das horas extras *postuladas; apresentados os documentos pelo réu, o autor verifica que muitas dessas horas foram pagas, de tal modo que o seu pedido deveria ter sido, digamos, de R$ 20.000,00. Vindo a sentença a conceder-lhe R$ 20.000,00 a título de hora extras, ele sucumbiria em R$ 30.000,00 (diferença entre o que pediu e o que lhe era devido). Não vemos como, nesta hipótese, o autor possa aditar a petição inicial para corrigir o valor de R$ 50.000,00 para R$ 20.000,00.*

Há mais. Se o autor, para tentar esquivar-se ao risco da sucumbência estimar um valor dos pedidos:

3) muito abaixo do que seria o correto, não evitará um outro risco: o de a sentença condenar o réu ao pagamento do valor apontado na inicial, e não em valor superior a isso, sob pena de perpetrar transgressão ao art. 492, caput, do CPC, e de ensejar a que o réu alegue a nulidade da sentença, no tocante ao excesso de condenação (ultra petita). Além disso, o advogado do autor poderia vir a ser responsabilidade pelo seu cliente por haver estimado um valor muito aquém do que seria devido a este;

4) muito acima do que o correto, e a sentença vier a conceder-lhe abaixo disso (ou seja, o valor correto), sujeitar-se-á ao risco de ser duramente atingido pela sucumbência (CLT, art. 791-A, § 3.º).

Conclusivamente, e para dissipar eventuais dúvidas remanescentes:

g) entendemos que a nova redação dada ao § 1.º, do art. 840, da CLT, decorreu da preocupação de romper – por motivos de ordem ética e pragmática – com a antiga e arraigada tradição, consistente na formulação de pedidos ilíquidos, assim entendidos os que se apresentavam sem a sua expressão pecuniária;

h) ao aludir ao valor do pedido, a norma citada exige que este seja exato, e não, meramente estimado pelo autor da ação;

i) somente em casos excepcionais será admissível que a causa chegue a julgamento sem que o valor dos pedidos formulados na inicial tenha sido indicado, como no caso de pedidos genéricos (CPC, art. 324, II).

j) nos casos em que o autor, não sendo advogado, estiver fazendo uso do ius postulandi que lhe atribui o ar. 791, caput, da CLT, cumprirá ao juiz atenuar (ou, em certas situações, até mesmo desconsiderar) a exigência expressa pelo § 1.º, do art. 840, da CLT, sob pena de inibir o exercício do direito constitucional de ação;

k) idealmente, o autor somente deveria ser condenado às sanções da sucumbência se o valor dos pedidos apontados na inicial houvesse decorrido de má-fé.

À guisa de arremate: a exigência da formulação de pedidos líquidos, na inicial, tende a converter-se, na prática, em um dos mais polêmicos temas processuais, de quantos foram trazidos pela Lei n. 13.467/2017. As opiniões que expressamos neste livro acerca dessa exigência legal traduzem a reflexão dos primeiros momentos. Só o tempo, com o valioso contributo da doutrina e da jurisprudência – designadamente desta – haverá de fixar um entendimento, se não unânime, ao menos majoritário sobre o assunto, a fim de pacificá-lo. Nessa tarefa de pacificação, o bom senso deverá ser o instrumento fundamental – como, aliás, em qualquer ato da vida humana. Não se requer o bom senso pelo bom senso, senão que o bom senso subordinado à preservação do exercício do direito constitucional de ação (CF, art. 5.º, XXXV), uma das mais preciosas conquistas de nosso Estado Democrático de Direito (CF, art. 1.º)" (O Processo do Trabalho e a Reforma Trabalhista, São Paulo: Editora LTr, 2017, págs. 130/134).

O valor da causa. Exige o digesto de processo civil que a petição inicial indique o valor da causa. A CLT nada nos diz a respeito. Seria, então, de perguntar: no processo do trabalho a inicial não precisa mencionar esse valor? Respondamos com prudência. Antes, chamemos a atenção ao fato de o valor da causa não se confundir com o valor do pedido, ainda que, sob certo aspecto, este possa ser determinante daquela.

É evidente que as causas judiciais, inclusive as trabalhistas, devem, em princípio, ter um valor econômico estimado (CPC, art. 291). No sistema do processo civil esse *quantum* deve ser apontado desde logo, ou seja, na petição inicial. No do trabalho, entretanto, embora não se proíba que o valor da causa venha referido nessa peça, não se exige que ela o contenha. Tanto isso é certo, que o art. 2º, *caput*, da Lei n. 5.584/70, dispõe que se o juiz verificar que a inicial não menciona o valor da causa, ele, antes de passar à instrução, o arbitrará. Ao contrário do CPC (art. 321), a norma trabalhista não diz que o juiz assinará prazo para que o autor supra a (suposta) omissão. Dessa maneira, podemos concluir que, a despeito de as causas trabalhistas também deverem possuir um valor econômico, este não necessita ser apontado na inicial.

No processo civil, vários são os motivos pelos quais as causas devem apresentar um valor econômico (na inicial, como vimos), entre os quais se destacam: a) a determinação da competência, em razão, exatamente, do valor da causa naqueles Estados cuja lei de organização judiciária haja criado cargos de juízes, togados ou leigos, incumbidos do julgamento das causas de que trata o art. 98, I, da Constituição Federal; b) a fixação da taxa judiciária, das custas e de outras despesas processuais; c) a limitação da interponibilidade de recurso extraordinário para o Supremo Tribunal Federal.

O CPC, em seu art. 292, estabelece os critérios a serem considerados para efeito de atribuir-se valor econômico à causa.

No processo do trabalho, a necessidade de dar-se valor à causa emana de três razões fundamentais: a) estabelecer o procedimento (ordinário ou sumariíssimo) a que a causa se submeterá; b) definir a possibilidade de a sentença, aí proferida, ser recorrível, ou não; c) calcular o valor das custas, em casos como o de extinção do processo, sem julgamento do mérito, decorrente da ausência injustificada do autor à audiência "inicial"; do indeferimento da petição inicial; da desistência da ação etc.

No tocante à letra *"a"*, devemos acrescentar que a Lei n. 5.584/70 (art. 2º, § 4º) instituiu as denominadas "ações de alçada exclusiva dos órgãos de primeiro grau", cujo efeito prático foi o de impedir a interposição de recurso (ordinário) das sentenças aí proferidas, exceto se a decisão violar a letra da Constituição Federal ou os princípios em que ela se apoia (Const. Fed., art. 52, § 2º). Nesta hipótese, caberá recurso extraordinário ao STF, ficando a matéria impugnada ("devolução") restrita à que tenha perpetrado ofensa à Constituição.

Alguns intérpretes afoitos, do texto constitucional em vigor, chegaram a afirmar que o § 4º, art. 2º, da sobredita Lei n. 5.584/70, teria sido revogado pelo art. 5º, inciso LV, da atual Suprema Carta Política. O fundamento dessa tese se concentra na suposição de que a antedita norma constitucional, ao assegurar aos litigantes e aos acusados em geral o contraditório e a ampla defesa, "com os meios e recursos a ela inerentes", teria feito desaparecer aquela norma infraconstitucional. *Data venia*, se esses intérpretes açodados houvessem se dedicado a um estudo de nossa história constitucional, teriam percebido que, com pequenas nuanças de literalidade, as Constituições Republicanas de 1891 (art. 72, n. 16), 1934 (art. 113, n. 24), 1946 (art. 141, § 25), 1967 (art. 150, § 15), com a Emenda n. 1/69 (art. 153, § 15), numa sequência cronológica somente quebrada (por motivos políticos conhecidos) pela Carta outorgada em 1937, sempre asseguraram aos indivíduos (e às coletividades) o contraditório e a ampla defesa, com os "meios e recursos" a esta imanentes. Sublinhando: o fato de a vigente Constituição empregar o vocábulo *recurso*, ao cuidar do contraditório e da ampla defesa, não constitui, portanto, nenhuma novidade, pois isso faz parte de nossa tradição constitucional, como procuramos demonstrar. É algo que coincide com a aurora de nossa vida republicana.

Além disso, a Constituição Federal não é um Código de Processo, de tal maneira que as palavras, nela inseridas, devam ser interpretadas segundo o rigor técnico da terminologia processual.

Em síntese, o art. 52, inciso LV, da Constituição Federal de 1988, não revogou o § 4º, do art. 2º, da Lei n. 5.584/70. Segue-se, que, tirante a possibilidade de ofensa à Constituição, continuam a ser irrecorríveis as sentenças emitidas nas ações de alçada exclusiva dos órgãos de primeiro grau da jurisdição trabalhista, salvo se implicarem violação à Constituição da República. Daí, a importância que ostenta o valor atribuído à causa. Advirta-se que o valor a ser levado em conta para definir a recorribilidade, ou não, de tais sentenças, é o atribuído à causa, e, não, o do pedido ou o arbitrado à condenação. Expliquemo-nos.

Basicamente, cinco valores são fixados em uma ação: 1) o da causa; 2) o do pedido; 3) o da condenação; 4) o da execução; 5) o da transação. O que define a possibilidade de a sentença ser impugnada, ou não, é, como asseveramos, o valor dado à causa, seja na inicial ou mediante arbitramento do juiz, em audiência, antes de dar início à instrução. Dessa forma, se à causa se atribuiu valor inferior ao de dois salários mínimos, mas o da condenação corresponde, digamos, a cem salários mínimos, a sentença será irrecorrível, observada a ressalva feita quanto à violação constitucional.

A fixação do valor da causa em salários mínimos, para efeito de recorribilidade da sentença, é estabelecida pela Lei n. 5.584/70 (art. 2º, § 4º, com a redação que lhe deu a Lei n. 7.402, de 5-11-85). Não estaria, contudo, esse dispositivo da norma ordinária revogado pelo art. 7º, inciso IV, da Constituição Federal em vigor, que veda a vinculação do salário-mínimo "para qualquer fim"? Entendemos que não. Como afirmamos em linhas anteriores, o que a Constituição está a proibir, a nosso ver, é a utilização desse salário com vistas, p. ex., à fixação do valor de aluguéis, de multas, de preços em geral, pois isso tem efeito reconhecidamente inflacionário. A simples adoção do salário mínimo, todavia, para a definição das ações da alçada exclusiva dos órgãos de primeiro grau da Justiça do Trabalho não tem nenhuma repercussão inflacionária; logo, não afeta a economia do País. Destarte, a mantença do salário mínimo, para essa finalidade, não entra em conflito com os verdadeiros motivos que determinaram a elaboração da citada norma constitucional. Esse entendimento, que desde sempre sustentamos, acabou sendo perfilhado pela Súmula n. 356 do TST.

Também no processo do trabalho podem ser aplicados alguns dos critérios traçados pelo art. 292 do CPC, para efeito de fixar-se o valor da causa, seja pelo autor ou pelo juiz. Assim: 1) na cobrança de dívida, serão computados o principal e a correção monetária e outras penalidades, se houver (I). Conforme o CPC, entrarão ainda os juros da mora "vencidos até a propositura da ação". Esse critério, no entanto, não deve ser observado no processo do trabalho, em que os juros moratórios somente são devidos a contar do ajuizamento da inicial (CLT, art. 883); 2) havendo cumulação de pedidos, o valor da causa será obtido pela soma de todos eles (VI); 3) sendo alternativos os pedidos, considerar-se-á o de maior valor (VII); 4) existindo pedido subsidiário, adotar-se-á o valor do principal (VIII); 5) o valor do contrato ou de sua parte incontroversa (II); 6) nas ações de indenização, inclusive, por dano moral, o valor pretendido (V); 7) no caso de prestações vencidas e vincendas, levar-se-á em conta o valor de umas e de outras. O valor das prestações vincendas será igual a uma prestação anual, se a obrigação for por tempo indeterminado ou por tempo superior a um ano; se por tempo inferior, será igual à soma das prestações (§ 1º).

As situações previstas nos demais incisos do art. 292 (III e IV), do CPC, são inaproveitáveis no terreno peculiar do processo do trabalho, por versarem sobre matérias que não se encaixam na competência da Justiça do Trabalho.

O Supremo Tribunal Federal firmou o entendimento de que, na ação rescisória, o valor da causa deve ser o mesmo que se atribuiu à demanda que foi apreciada pelo acórdão rescindendo. Para que esse critério seja aceitável, torna-se indispensável, todavia, a correção monetária do aludido valor, que não é "rendimento" do capital, como tem alardeado a retórica oficial, senão que mero fator de recomposição do poder de compra, do dinheiro. O TST, pela Instrução Normativa n. 31/2007, regulamentou a forma de realização do depósito prévio, em ação rescisória, previsto no art. 836 da CLT (arts. 2º e 3º).

Ainda se controverte, na doutrina, quanto à necessidade de a inicial, *na ação de segurança*, mencionar o valor da causa.

Sustentam, alguns estudiosos, que a indicação desse valor é dispensável, pois a reparação que se busca, nesse tipo de ação, não é em pecúnia, mas em espécie. Em que pese ao fato de a reparação aí pretendida não ser, efetivamente, de natureza pecuniária — pois o acórdão nunca é condenatório, mas declaratório ou constitutivo —, não pode ser colocado de parte o mandamento inscrito no art. 291, do CPC, no sentido de que a toda causa deve ser atribuído um valor certo, ainda que não tenha conteúdo econômico aferível de imediato.

Tanto na ação rescisória quanto na de segurança se o relator verificar que a inicial não contém o valor da causa não deve assinar prazo de quinze dias para que o autor supra a falta — sob pena de indeferimento (CPC, art. 321) e consequente extinção do processo sem resolução do mérito (CPC, art. 485, I) —, mas, fixar, ele próprio, esse valor, nos termos do art. 2º, *caput*, da Lei n. 5.584/70.

Nas ações coletivas (*dissídios coletivos*), torna-se necessária a menção do valor da causa, cuja falta poderá ser suprida mediante despacho do relator. Mesmo nas ações em que o pedido se restrinja à interpretação de norma legal ou de cláusula normativa (os comumente denominados "dissídios coletivos de natureza jurídica") esse valor deve ser indicado, pois a pretensão, aí formulada, que aparenta ser exclusivamente jurídico-interpretativa, se encontra, sempre, vinculada a um conteúdo econômico.

As provas com que o autor pretende demonstrar a verdade dos fatos alegados. A CLT não contém disposição nesse sentido. Conseguintemente, uma nova indagação se impõe: no processo do trabalho é necessário que o autor especifique, na inicial, as provas com as quais deseja provar a verdade dos fatos narrados?

Antes de formularmos a resposta, devemos fazer um pequeno reparo na dicção do art. 319, VI, do CPC, porquanto, em rigor, naquele processo, a inicial deve indicar não as *provas* com que o autor pretende demonstrar a veracidade dos fatos alegados, e, sim, os *meios* de prova que serão utilizados para esse fim. Prova não é meio, e sim, resultado. O CPC de 1939, mais preciso que o de 1973, e do que o atual, neste ponto, aludia aos *meios de prova* (art. 158, V).

São dois, basicamente, os motivos pelos quais o processo civil exige que o autor especifique, na inicial, os meios de prova a serem utilizados, a saber: a) atender ao princípio da boa-fé processual; b) permitir ao juiz verificar, em alguns casos, se o meio escolhido é, efetivamente, adequado, ou moralmente legítimo.

Apesar disso, pensamos que, no processo do trabalho, essa regra deve ser aplicada com certa cautela, não tanto pelo fato de a CLT nada dispor quanto a esse requisito, mas em virtude da simplicidade do procedimento. Não estamos a dizer que o autor tem o direito de esconder, do adversário, os meios de que se valerá para provar a veracidade dos fatos narrados na inicial, pois isso atentaria contra o dever de lealdade, a que estão submetidas as partes, mesmo no processo do trabalho. O que estamos a asseverar é que, naquela peça, poderá o autor, simplesmente, requerer a produção de "todas as provas em direito admitidas" – segundo a clássica expressão –, vindo a especificar os meios adequados (e moralmente legítimos) no momento oportuno, por força de determinação do juiz.

A realidade prática tem revelado, a todo momento, que somente após a resposta do réu (máxime sob a forma de contestação) é que o autor se encontra, realmente, em condições de definir os meios de prova de que necessitará fazer uso. Muitas vezes, o autor, tomando conhecimento do teor da resposta, acaba por eleger meio de prova diverso daquele que, a princípio, pensava utilizar. De outra parte, eventual ausência de resposta do réu, por implicar revelia e traduzir, quase sempre, a confissão fictícia, pode dispensar a produção de qualquer prova, pelo autor. Tudo isso demonstra a desnecessidade de a petição inicial trabalhista indicar os meios probantes de que o autor pretende fazer uso para comprovar a verdade dos fatos expostos.

Com *meios adequados de prova* queremos expressar aqueles que são aptos para demonstrar a verdade do fato probando. Podemos, mesmo, construir a regra de que, segundo seja a natureza do fato objeto da prova, será o meio legal a utilizar-se. Ainda: a natureza do fato determina o pertinente meio de prova. Assim, para a prova de horas extras, *v. g.*, admitem-se os meios documental e testemunhal; para o pagamento de salários só é adequado o meio documental (CLT, art. 464, *caput*), do mesmo modo como a prova da insalubridade ou da periculosidade deve ser feita mediante perícia (CLT, art.195, § 2º).

Não basta, à evidência, que o meio de prova seja adequado; requer-se, acima de tudo, que seja *moralmente legítimo*. O art. 5º, inciso LVI, da Constituição Federal, por seu turno, declara serem inadmissíveis as provas obtidas "por meios ilícitos". Deve-se entender por meios moralmente ilegítimos, dentre outros, os que atentem contra os direitos da personalidade, aí incluídos os relativos à liberdade de pensamento e à privacidade — que foram alteados à categoria constitucional (art. 52, incisos IV, X, XI e XII).

Independentemente disso, devemos renovar a nossa opinião de que, no processo do trabalho, não se deve exigir que o autor mencione, na inicial, os meios pelos quais procurará comprovar a veracidade dos fatos alegados. É suficiente que faça referência a fórmulas genéricas, como "todos os meios em direito permitidos" etc. Caberá ao juiz, no momento oportuno, exigir que ele e o próprio réu especifiquem os meios de que se valerão para provar a verdade dos fatos narrados.

Cabe aqui, no entanto, uma ressalva. Tratando-se de fato que deva ser comprovado mediante documentos, estes devem acompanhar, desde logo, a inicial, como impõe o art. 787, da CLT (o mesmo consta do art. 320 do CPC), exceto se os documentos se encontrarem em poder do adversário ou de terceiros, hipótese em que se adotará o procedimento da exibição (CPC, art. 396), seja antecedente ou incidental.

As considerações, até aqui expendidas, são aplicáveis, *mutatis mutandis*, à ação rescisória, que admite, em princípio, a produção de provas por todos os meios previstos em lei.

Nas ações de segurança, entretanto, não cabe ao juiz (relator) ordenar que o autor especifique os meios de prova de que fará uso, porquanto o art. 6º, *caput*, da Lei n. 12.016/2009, deixa claro não apenas que o meio exclusivo é o *documental*, como que os documentos devem instruir, de imediato, a petição inicial. Trata-se, pois, de prova *pré-constituída*.

A opção do autor pela realização ou não de audiência de conciliação ou de mediação. O art. 165 do CPC determina que os tribunais criem centros judiciários destinados à solução consensual dos conflitos de interesses. Esses centros serão responsáveis pela realização das sessões e audiências de conciliação e mediação, entre outras incumbências. No processo civil, caso o outro pretenda submeter, ou não, a sua demanda a uma dessas sessões ou audiências, deverá manifestar a sua intenção na petição inicial. A regra não incide no processo do trabalho, pois aqui, em virtude do disposto no art. 764, *caput*, da CLT, os dissídios, individuais ou coletivos, "serão sempre sujeitos à conciliação", razão pela qual os juízes deverão empregar os seus bons ofícios e poder de persuasão "no sentido de uma solução conciliatória do dissídio" (*ibidem*, § 1º). No processo do trabalho não cabe, pois, à parte, manifestar sua intenção de optar pela realização ou não de audiência de conciliação, pois esta é inerente e essencial ao referido processo. Quanto à mediação, não tem sido posta em prática na Justiça do Trabalho.

Requerimento para a citação do réu. Devemos lançar alguns escólios sobre outro elemento da petição inicial, que era exigido pelo CPC revogado. Referimo-nos ao *requerimento para a citação do réu.* Aquele CPC, em seu art. 282, VII, impunha que a petição inicial contivesse o requerimento para a citação dor réu.

Preso a um formalismo injustificável (e à influência da *ius vocatio*), entendia a doutrina daquele processo que a citação deveria ser *requerida* pelo autor, a fim de que o processo se formasse validamente e, também, de que a citação produzisse os efeitos descritos no art. 219, daquele CPC.

Esse requisito não era — e continua não sendo — encontrado no art. 840, § 1º, da CLT. Não há, nisso, *omissão*, e sim, *silêncio intencional*, que é coisa diversa. Esse *silêncio intencional* deriva de razão de ordem lógica.

Com efeito, se o autor (trabalhador) provoca o exercício da função jurisdicional e deixa claro, na petição inicial, que está exercendo o seu direito de ação em face ("contra", costuma-se dizer, com grande equívoco) de determinada pessoa (réu), que deseja ver condenada a satisfazer-lhe uma pretensão (bem ou utilidade da vida), é elementar, é óbvio, que a citação constitui ato que se impõe, *natural e automaticamente,* sob pena de, a entender-se de modo diverso, imaginar-se que o autor possa (ou costume) ingressar em juízo movido por simples diletantismo, capricho, ou vaidade, sem desejar a citação do adversário. Isto é algo absolutamente inconcebível no processo do trabalho (para falarmos, apenas, deste), no qual o trabalhador, ao exercer o seu direito constitucional de ação e nominar o réu, deixa patente o seu interesse em que este seja cientificado da demanda. Essa *cientificação* se realiza por um ato judicial específico, a que se denomina de *citação*.

Esta é a visão pragmática do processo, que possuem as partes, e da qual falamos há pouco.

Usando outras palavras: o fato de o autor ajuizar a ação em face do réu deixa evidente o seu intuito de demandar, sendo, por isso, produto de censurável afetação formalista exigir-lhe que requeira, expressamente, a citação do adversário, como se essa comunicação não possa ser algo que decorra *naturalmente* do ato de ingressar em juízo.

Felizmente, o processo civil parece haver-se convencido disso.

Data e assinatura. O CPC, curiosamente, não introduziu, no rol dos requisitos de validade da petição inicial, a data em que foi elaborada e a assinatura do advogado.

A CLT menciona esses requisitos (art. 840, § 1º); quanto à assinatura, alude à do "reclamante" ou de seu representante.

Entendíamos, porém, que a petição inicial deveria ser sempre assinada por advogado, pois o art. 791, *caput*, da CLT, que atribui a ardilosa capacidade postulatória aos litigantes, em nosso ver, teria sido tacitamente revogado pelo art. 68, da Lei n. 4.215, de 27-4-1963 (antigo Estatuto da Ordem dos Advogados do Brasil); quando não, pelo art. 133, da Constituição Federal em vigor. Assim, banido o *ius postulandi*, a petição inicial deveria ser elaborada e assinada por advogado. A parte somente poderia exercer o direito de postular, pessoalmente, em juízo, na hipótese do art. 86, do CPC, ou seja, se não houvesse, no local, advogado, ou, havendo, se recusasse a aceitar o patrocínio da causa ou se encontrasse impedido de receber procuração, ou não ser, o advogado, por motivo relevante e provado, da confiança da parte. Entretanto, o STF, na ADI n. 1.127-8 (DJ de 29-6-2001), concedeu liminar para suspender a eficácia, dentre outras disposições, do inciso I do art. 1º da Lei n. 8.906/94 (Estatuto atual da OAB), que declara ser privativa da advocacia a postulação a qualquer órgão do Poder Judiciário.

Diante disso, não há mais como sustentar a revogação do art. 791, *caput*, da CLT.

Tendo acoimado de ardilosa a capacidade postulatória de que trata o art. 791, *caput*, da CLT, cumpre-nos justificar essa afirmação.

Procurando criar um processo no qual as partes pudessem atuar sem advogado, o legislador trabalhista instituiu um procedimento simplificado. A CLT, como sabemos, entrou a viger em 1943. Nos primeiros momentos, as partes não encontraram maiores dificuldades para exercer o *ius postulandi* que lhes atribui o art. 791, *caput*, da CLT. A vida fluía simples. Todavia, os tempos, agora, são outros. Tudo mudou, de 1943 até esta parte. Ampliou-se, consideravelmente, a base do direito material dos trabalhadores. As novas exigências científicas, nascidas no período que se seguiu ao término da 2ª Guerra Mundial, penetraram o próprio Direito Processual. As relações entre os homens também se tornaram mais complexas. Tudo isso foi, aos poucos, delineando esse fenômeno indesejável, a que se poderia denominar de "complexização do processo". Passou-se a fazer uso, no processo do trabalho, de figuras ou institutos próprios do processo civil (incidente de falsidade documental; ações cautelares, rescisória, de consignação e pagamento, monitória, embargos de terceiro; reconvenção; ação civil pública; embargos à expropriação e o mais).

Essa "complexização" do processo do trabalho não só o desfigurou, em diversos pontos, o *ius postulandi*, traduzido na faculdade legal de o indivíduo ingressar em juízo sem advogado, como tornou praticamente inviável o seu exercício.

E, o que é pior: a parte que vai a juízo, como autor ou réu, pessoalmente, fica em uma colossal inferioridade técnica diante daquela que se faz acompanhar por advogado. Nós mesmos, quando atuávamos como juiz em primeiro grau, vimos, em inúmeras ocasiões, p. ex., o réu, por seu advogado, oferecer, solene e pomposamente, exceção de incompetência *ratione loci* (e a frase vinha escrita em Latim, realmente), oportunidade em que, com um certo desassossego no espírito, tínhamos que nos dirigir ao mísero trabalhador, que se encontrava na audiência, para dizer-lhe que (como excepto!...), dispunha do prazo de 24 horas para responder à exceção. Nunca a respondia, é evidente, pois nem sequer sabia como fazê-lo; nem tinha noção do que os prazos processuais representavam. Quanto menos, sabia contá-los. O mesmo ocorria nos casos de reconvenção. Não raro, aliás, o trabalhador levava à audiência, para serem inquiridas como testemunhas, pessoas sobre as quais, por serem suas amigas íntimas, pairava a reserva de suspeição. Era muito difícil para um humílimo trabalhador compreender a razão por que o seu melhor amigo não poderia ser sua testemunha.

Enfim, o processo do trabalho — designadamente, em decorrência de sua "complexização" — se tornou uma espécie de ardil, de esparrela para as partes que ingressam em juízo sem a companhia de advogado. Para sermos francos, mesmo antes dessa "complexização" o *ius postulandi* já correspondia a uma sutil armadilha para o trabalhador e para o próprio empregador, armada pelo legislador, pois enquanto, de um lado, os convidava a atuar em juízo pessoalmente, de outro, lançava sobre eles o escárnio da preclusividade dos prazos, da confissão fictícia e tantas outras regras que somente poderiam ser compreendidas por quem fosse advogado.

O *ius postulandi*, se propicia aos juízes maior liberdade na formulação das propostas conciliatórias e na própria direção do processo, é, na mesma proporção, em infindáveis ocasiões, a causa exclusiva do insucesso do trabalhador em juízo, que, em sua insciência acerca das regras processuais, vê os seus direitos se perderem pelos caminhos labirínticos do procedimento. Desse *due process of law*, que, para ele, soa a grego. Ou a uma irrisão.

Não nos iludamos: a dura realidade do processo fez frustrar os sonhos do legislador, quanto à utilidade do *ius postulandi*. Por isso, hoje, conscientes dessa realidade, estamos serenamente convencidos de que a presença obrigatória do advogado, nas causas trabalhistas, mais do que um imperativo de ordem legal, é uma condição de igualdade técnica, entre as partes, na calorosa disputa pelo direito. Ainda que a primeira razão inexistisse, os fatos da vida haveriam de fazer com que a segunda fosse consagrada.

Os fatos que emanam da realidade concreta — cuja dramaticidade a retórica dos argumentos de mera conveniência jamais consegue ocultar — demonstram que quando um dos litigantes vai a juízo pessoalmente, o que se presencia não é uma disputa justa pelo Direito, mas um massacre empreendido por parte daquele que tem a seu lado um advogado.

Não foi, por certo, para estimular situações como esta que se instituiu o processo. Que disso se convençam os ardorosos defensores do *ius postulandi*.

Cumpre reiterar: a presença do advogado em juízo representa um pressuposto fundamental para o equilíbrio técnico na disputa; desacompanhada de advogado, a parte acaba se tornando adversária de si mesma, porquanto é desconhecedora das normas que regem o procedimento, em especial, as relativas à preclusão. Nesse contexto, fica reservada ao juiz do trabalho a árdua tarefa de fazer a contagem das vítimas *do ius postulandi*, significa dizer, a proceder ao recenseamento dos mortos.

Parágrafo único. Se o juiz verificar que o pedido de tutela de *urgência* em caráter *cautelar* possui natureza de *antecipada,* deverá processá-la nos termos do art. 303. Cuida-se, nesta hipótese, de uma heterotópica incidência do princípio da *fungibilidade,* característica do tema dos recursos. É evidente que, neste caso, o autor deverá ser intimado, a fim de amoldar o procedimento ao traçado pelo art. 303. Em princípio, não vemos prejuízo ao autor, em decorrência dessa convolação de uma ação em outra, embora o procedimento da tutela de urgência antecipada seja um pouco mais embaraçante do que o da tutela cautelar. Na verdade, essa alteração de procedimento é favorável ao autor, se considerarmos que a tutela antecipada, quando requerida em caráter antecedente, pode tornar-se estável (CPC, art. 304).

É relevante observar que a conversão do procedimento previsto pelos arts. 305 a 309, do CPC (tutela cautelar), para o traçado pelos arts. 303 e 304, do mesmo Código (tutela antecipada), independe de requerimento do autor: trata-se ato que o juiz deve praticar por sua iniciativa (*ex officio*), a cuja conclusão se chega pela literalidade do parágrafo único do art. 303, do CPC.

No sistema do processo do trabalho, o ato concessivo ou denegatório da tutela cautelar, antecedente ou incidental, pode ser impugnado por meio de mandado de segurança (TST, Súmula n. 414, II).

> Art. 306. O réu será citado para, no prazo de 5 (cinco) dias, contestar o pedido e indicar as provas que pretende produzir.

8. A citação do réu

O procedimento da tutela de urgência cautelar é mais objetivo, corresponde a dizer, mais célere do que o da tutela antecipada. Basta ver, para exemplificar, que o inciso II, § 1.º, do art. 303, que se ocupa da tutela antecipada, determina que o réu seja citado para a audiência de conciliação ou mediação *"na forma do art. 334"*, do mesmo Código. Este artigo estabelece, entre outras coisas, que a audiência será designada com a antecedência mínima de trinta dias, sendo que a citação deve ocorrer no prazo mínimo de vinte dias. No caso da tutela cautelar, o réu será citado logo após o juiz entender que a petição inicial preenche os requisitos legais, e disporá do prazo de cinco dias para contestar o pedido e indicar as provas que pretende produzir (CPC, art. 306).

Devemos reiterar, contudo, o nosso entendimento, expresso em linhas pretéritas, deste livro, que, no processo do trabalho, o prazo para o réu contestar o pedido, tanto no caso de tutela *cautelar* quanto no de *antecipada,* deverá ser de *cinco dias,* por simetria com o art. 841, *caput,* da CLT, sem prejuízo de observância do disposto no art. 1.º, inciso II, do Decreto-Lei n. 779, de 21-8-1969.

No conceito do Código revogado, a *citação* era o ato pelo qual se *chamava* a juízo o réu ou o interessado, a fim de defender-se (art. 213). Em nosso ver, o legislador teria dado um passo adiante, rumo à perfeição doutrinária, se, ao redigir o art. 213 daquele Código, houvesse dito que a citação tinha o escopo de dar *ciência ao réu da existência* da ação, para que, se desejasse, a ela respondesse.

Nos termos do art. 238, do CPC 2015, a citação é o ato pelo qual são *convocados* o réu, o executado ou o interessado para integrar a relação processual. Convenhamos, o legislador da atualidade em quase nada contribuiu para o aprimoramento do conceito desse importante ato processual. Os verbos *chamar* a *convocar* sugerem a ideia de imposição, de obrigação. Ora, o réu não está obrigado a comparecer a juízo, embora responda pelas consequências de seu não-comparecimento; de igual modo, a relação processual pode ser constituída, regularmente, sem a sua presença efetiva. Basta argumentar com a revelia. Por isso, repitamos, temos, desde muito tempo, insistido em dizer que a citação nada mais é o do que o ato pelo qual se dá *ciência* ao réu da ação — para que ele, se desejar, ofereça a sua *resposta* em face dela.

A falta de citação acarreta a nulidade do processo. Dessa maneira, o juiz, verificando que o réu não foi citado, deverá determinar o suprimento da falta, atento ao princípio da *proteção,* a teor do qual somente se deverá declarar a nulidade quando não for possível suprir a ausência do ato ou repeti-lo (CLT, art. 796, "*a*" e "*b*"; CPC, art. 276).

Caso o réu compareça à audiência, embora não tenha sido citado (ou a citação não tenha sido feita regularmente) e *responda* à ação, não pronunciará o juízo a nulidade, pois inexistente o pressuposto do prejuízo. O comparecimento espontâneo do réu ou do executado supre a falta ou a nulidade de citação, caso em que fluirá dessa data o prazo para a apresentação de contestação ou de embargos à execução (CPC, art. 239, § 1º).

No processo do trabalho, não se exige que a citação seja *pessoal;* considera-se citado o réu, tanto que o instrumento, remetido pelo correio, seja comprovadamente entregue no endereço existente nos autos, presumindo-se, de qualquer modo, recebido o instrumento citatório 48 horas depois de sua regular expedição; constitui, em face disso, encargo do réu demonstrar que não o recebeu ou que este foi entregue após o decurso das 48 horas (TST, Súmula n. 16). O bom senso sugere que se afaste essa presunção (relativa, aliás) quando se tratar de citação postal feita a réu domiciliado em cidade situada fora da jurisdição do órgão perante o qual a ação cautelar foi aforada, máxime se a distância entre tal cidade e a sede do órgão judiciário for considerável.

O advogado deve estar provido de poderes específicos para receber citação, em nome do seu constituinte, dado que esse poder não está compreendido pela cláusula *ad iudicia* (CPC, art. 105).

No Anteprojeto e no Projeto do Código de 1973 constava que o réu seria citado para "responder ao pedido"; por força da Emenda n. 135, da Comissão Especial, essa expressão foi substituída pela "contestar o pedido", sob o argumento de inexistir "vantagem em alterar a tradição legislativa e substituir o verbo defender, ou o substantivo defesa, pelo verbo responder, ou o substantivo resposta". O assunto, *data venia*, não deveria ter sido tratado em termos de "vantagem" ou desvantagem, e sim, de harmonia com o sistema do texto, em que p. ex., no processo de conhecimento, se falava em *resposta* (e não defesa) *do réu* (art. 297).

Uma pergunta se impõe: no processo do trabalho a resposta do réu à ação em que se postula uma tutela de urgência antecipada, em caráter antecedente, *deve* ser

Cadernos de Processo do Trabalho n. 12 – Tutelas Provisórias **93**

formulada *em audiência* (CLT, art. 846), ou *pode* ser apresentada em secretaria, no prazo de cinco dias, fixado pelo art. 306 do CPC? Se nos deixássemos impressionar pelo caráter algo retórico do princípio da oralidade e pela expressão literal do art. 846 da CLT, tenderíamos a concluir que a resposta do réu deveria ser sempre oferecida em *audiência*. Esse apego irrefletido à letra da lei, contudo, cometeria a imprudência colossal de eliminar — embora inadvertidamente — a finalidade e a eficácia das providências acautelatórias. Realmente, colocando-se à frente o atual estádio de congestionamento das pautas trabalhistas — que tem sido responsável pelo longo tempo para a realização de audiências —, exigir-se que o autor devesse aguardar que o réu respondesse à ação apenas nessa oportunidade seria fazer com que o remédio produzisse mais danos do que a própria enfermidade. Já advertimos, por mais de uma vez, que a tutela cautelar deve ser prestada com *urgência* (por isso, a sua denominação legal de *tutela de urgência, cautelar*), ainda que para negar a medida solicitada. Como tornar-se concreto, real, esse imperativo de celeridade se a resposta devesse ser apresentada em audiência, ou seja, muito tempo depois do ajuizamento da cautelar? Ainda que um e outro juiz conseguissem encontrar espaços nas pautas, para aí inserirem audiências pertinentes às ações cautelares, isso não poderia ser utilizado como fundamento a um critério geral de que a resposta do réu, em tais ações, devesse ser aduzida em audiência: sustentar semelhante ponto de vista seria argumentar com a exceção, em menosprezo à regra geral, que diz da extrema dificuldade em realizarem-se, num curto espaço de tempo, audiências destinadas à formulação de resposta a pretensões cautelares.

O notório *mare-magnum* de feitos, que assola os órgãos da Justiça do Trabalho, tem convertido, na prática, o alardeado princípio da oralidade do procedimento, paradoxalmente, em fator de transtorno à desejada rapidez da prestação jurisdicional; basta referir a "defesa oral", determinada pela CLT (art. 846), que, se fosse exigida à risca, faria com que se incluísse em pauta um número de audiências muito inferior ao atualmente registrado, dado que somente para aduzir a sua resposta o réu disporia de vinte minutos — tempo que, hoje, tem sido suficiente, em muitos casos, para realizar quase *toda* a instrução oral de um processo de pequena complexidade.

Rompa-se, pois, no terreno das tutelas de urgência, nomeadamente, a cautelar, com o mítico princípio da oralidade, a fim de permitir-se que o réu apresente a sua resposta à ação cautelar *em secretaria*, no prazo de cinco dias, ou a remeta por meio eletrônico. Há, nessa proposição, um outro efeito prático: deixando o réu de responder no prazo legal, tornar-se-á revel, sendo, em consequência, admitidos como verdadeiros os fatos alegados pelo autor (CPC, art. 307, *caput)*. Por que motivo, portanto, aguardar-se a realização de audiência (consumindo-se, nisso, meses de espera) se a ela, em determinadas hipóteses, o réu não comparecerá por não ter intenção de formular qualquer espécie de resposta? Mesmo que ele pretendesse responder à ação, seria preferível que o fizesse em secretaria, no quinquídio legal, porquanto se estaria, com isso, abreviando a prestação jurisdicional cautelar, mesmo que consideremos aí a necessidade de realizar a audiência de instrução.

Poderia alguém, todavia, redarguir que com a concessão de providência *liminar* (art. 300, § 2º) os nossos argumentos precipitar-se-iam no vazio, porquanto, com isso, a designação de audiência, para que nela o réu manifestasse a sua resposta, não traria qualquer prejuízo ao autor, pois a situação de periclitância do seu direito teria sido eficazmente dissolvida pela providência concedida *in limine*. Se tal objeção é ponderável no caso de concessão *liminar* da medida, ela se revela desarrazoada quando o juiz *nega* a liminar, ou, concedendo-a, esta vem a ser cassada por força de mandado de segurança impetrado pelo réu. Por tudo isso, a prudência sugere o abandono tópico à oralidade, com vistas à adoção do procedimento e do prazo estabelecidos pelo art. 306 do CPC.

Essa atitude do juízo não propiciaria ao réu um forte motivo para arguir a nulidade processual, pois o sistema consagrado pelo processo do trabalho é o da apresentação da "defesa" *em audiência*, como parece resultar incontestável do art. 846 da CLT? Não negamos a existência de um sistema relativo às nulidades processuais; devemos admitir, contudo, que esse sistema é abrandado por um conjunto de contrapesos legais, que se exteriorizam sob a forma de exceções. Dentre essas, destacamos as da *transcendência* e da *instrumentalidade*. A primeira, inscrita nos arts. 794 da CLT e 282, § 1º, do CPC, dispõe que somente se pronunciará a nulidade quando do ato inquinado resultar *manifesto* prejuízo à parte; a segunda, que, embora prescrevendo a lei determinada forma, sem a cominação de nulidade, valerá o ato se, praticado por forma diversa, atingir a mesma finalidade (CPC, art. 277). Segue-se, que a determinação para que o réu apresente, por escrito, em secretaria, a sua resposta à ação de tutela cautelar, atinge a mesma finalidade que levou o legislador processual trabalhista a prever a realização de audiência; essa conversão da forma de realização do ato apenas poderá ser declarada nula se o réu demonstrar que ela lhe trouxe *evidente prejuízo*. Fora disso, é ignorar-se que o processo não constitui um fim em si mesmo, e sim, um mero instrumento de que se vale o Estado para solucionar os conflitos de interesses. O processo do trabalho jamais poderá — em nome de um verdadeiro sentido teleológico — ser considerado "o reino das formas". Além disso, a CLT não comina de nula a "defesa" apresentada sob forma diversa da prevista no art. 306. O princípio da *instrumentalidade*, materializado nos arts. 188 e 277 do CPC, declara que os atos e termos processuais não dependem de forma determinada – exceto quando a lei expressamente a exigir –, sendo considerados válidos os que, realizados de outro modo, atinjam a finalidade essencial.

Como dissemos antes, também a citação para a tutela de urgência (cautelar ou antecipada), no processo do trabalho, deve curvar-se à regra genérica contida no art. 841, § 1º, da CLT: mediante registro postal. Se, no entanto, circunstâncias relevantes exigirem que, em determinado caso, esse ato seja realizado por oficial de justiça, o prazo para o réu responder, mesmo assim, não será contado da juntada aos autos do mandado, senão que da data em que o réu foi citado. O mesmo se afirme em relação à *efetivação* da medida, quando concedida *in limine* ou após justificação prévia (CPC, art. 300, § 2º).

É proveitoso observarmos que o sistema dos prazos processuais é informado por cinco princípios: *a)* da utilidade; *b)* da continuidade; *c)* da inalterabilidade; *d)* da peremptoriedade; *e)* da preclusão.

a) *Utilidade*. Os prazos fixados por lei, ou assinados pelo juiz, devem ser úteis, isto é, hábeis, à satisfação dos objetivos em relação aos quais foram instituídos. Há, assim, uma profunda vinculação entre o prazo e a finalidade a que se liga, de acordo com os critérios adotados pelo legislador para a consequente fixação.

Esse fato justifica a existência de prazos com maior ou menor duração.

Um efeito prático se tira dessa regra. É que se a parte, por motivos que não lhe possam ser irrogados, não puder se valer do prazo útil, total ou parcialmente, que lhe era assegurado, a solução será restituir-lhe, por igual, o faltante. Tal é o preceito do art. 221 do CPC, de aplicação supletiva ao processo do trabalho (CLT, art. 769).

É importante ressaltarmos que os prazos não se iniciam nem se vencem em dias desúteis (CLT, art. 775 e parágrafo único).

Sendo contínuos e irreleváveis, os prazos apenas podem ser prorrogados nos casos previstos em lei (CLT, art. 775, *caput*).

Sempre que uma das partes houver criado algum obstáculo, o prazo ficará suspenso para a outra. Seria o caso, p. ex., de o próprio autor retirar os autos da secretaria quando se encontrava em curso o prazo para o réu responder à ação; nesta hipótese, o prazo deverá ser restituído a este por tempo igual ao que faltava para a sua exaustão (CPC, art. 221).

O vencimento dos prazos será sempre certificado nos autos, pelo escrivão ou pelo diretor da secretaria do órgão (CLT, art. 776). Embora essa certificação não tenha eficácia para subordinar o juízo, é certo que a sua existência nos autos, além de obrigatória, permite melhor verificação quanto à tempestividade, ou não, da resposta apresentada.

b) *Continuidade*. Este princípio se manifesta fronteiriço com o da utilidade, com o qual, sob certo sentido, se entrelaça.

Por ele se afirma que os prazos são contínuos, cuja suspensão, como fenômeno excepcional, está rigidamente disciplinada por lei. O princípio da continuidade se identifica, portanto, com a afirmação de que os prazos, uma vez iniciados, devem ter livre curso até o seu final.

Suspensão e interrupção, entretanto, não se confundem. Enquanto na primeira o prazo que havia fluído é computado; na segunda não se verifica esse aproveitamento. Equivale dizer: lá, a contagem do prazo prossegue a partir do ponto em que ocorreu a suspensão; aqui, tudo se apaga, iniciando-se nova contagem.

c) *Inalterabilidade*. Ao discorrermos sobre o princípio da utilidade, pudemos asseverar que a duração do prazo guarda íntima relação com a necessidade de tempo que requer para ser realizado. Sob esse prisma, tanto a redução quanto a ampliação dos prazos rompem esse equilíbrio, essa ordem harmoniosa que há entre o lapso de tempo (prazo) e a finalidade a que se destina (prática de determinado ato). Pensamos mesmo que o princípio da inalterabilidade seja consequência direta do da utilidade, ao qual Moacyr Amaral Santos reconhece base científica (obra cit., p. 253).

A proibição de alterar os prazos processuais é dirigida ao às partes, aos terceiros e a todos os sujeitos do processo, enfim. Os litigantes não podem reduzir ou dilatar prazos peremptórios, ainda que mediante comunhão de vontades. O próprio juiz não pode reduzir prazos peremptórios sem a anuência das partes (art. 222, § 1º).

d) *Peremptoriedade.* Dizem-se peremptórios aqueles prazos que são fixados sem qualquer possibilidade de serem alterados; disto decorre que a sua exaustão é automática e inexorável no dia do vencimento; são fatais.

O prazo para o oferecimento da resposta, *v. g.*, se caracteriza pela peremptoriedade.

As partes, conforme afirmamos, não podem reduzir ou prorrogar prazos peremptórios, ainda que estejam de acordo quanto a isso. Permite-se ao magistrado, porém, nas comarcas de difícil transporte prorrogar quaisquer prazos, mas nunca por mais de dois meses (*ibidem*), exceto nos casos de calamidade pública, quando a prorrogação poderá exceder ao referido limite (*ibidem*, parágrafo único).

O decurso em branco do prazo para a formulação de resposta implica preclusão temporal do exercício desse direito do réu, independentemente de declaração judicial (CPC, art. 223, *caput*), permitindo-lhe, porém, comprovar que deixou de responder em virtude de força maior (CLT, art. 775, *caput*), a que o processo civil denomina de justa causa (CPC, art. 223, *caput*).

e) *Preclusão.* Configura-se a preclusão, em sentido amplo, pela perda de uma faculdade ou de um direito processual, que por não ser exercitado no tempo oportuno fica automaticamente extinto.

Em rigor, esse conceito se refere à preclusão dita *temporal*, que não é a única espécie. Há também, a *lógica*, que expressa a incompatibilidade entre o ato que se deseja realizar e o anteriormente praticado, e a *consumativa*, que indica a vedação de colocar-se em prática um ato já realizado.

No sistema do CPC de 2015, os prazos processuais passaram a ser contados em dias úteis (CPC, art. 219). Em livro, entendemos que esse critério era compatível com o processo do trabalho ("Comentários ao Código de Processo Civil sob a Perspectiva do Processo do Trabalho", São Paulo: LTr Editora, 2016, pág. 255). Todavia, o TST, por sua Instrução Normativa n. 36/2016, declarou que o art. 219 do CPC era inaplicável ao processo do trabalho. Pois bem. A Lei n. 13.467/2016 veio demonstrar que estávamos certos em nossa opinião, pois alterou a redação do *caput* do art. 775, da CLT, para dispor que "Os prazos estabelecidos neste Título serão contados em *dias úteis* (...)". Destacamos. O Título, a que se refere a sobredita norma legal, é o X, pertinente ao "Processo Judiciário do Trabalho", compreendendo os arts. 763 a 910, ou seja, tanto o processo de conhecimento (dissídios individuais e coletivos) quanto o de execução – e, com certeza, as tutelas provisórias, quanto utilizadas no processo do trabalho.

Art. 307. Não sendo contestado o pedido, os fatos alegados pelo autor presumir-se-ão aceitos pelo réu como ocorridos, caso em que o juiz decidirá dentro de 5 (cinco) dias.

Parágrafo único. Contestado o pedido no prazo legal, observar-se-á o procedimento comum.

9. Ausência de contestação

Caput. Regra idêntica estava no art. 803, *caput*, do CPC revogado.

Se o requerido deixar de contestar o pedido, sem justificativa legal, serão presumidos verdadeiros os fatos alegados pelo requerente. Neste caso, o juiz deverá proferir a decisão em cinco dias. Esse prazo constitui uma das exceções à regra contida no art. 226, do mesmo Código, que fixa o prazo de dez dias para a emissão de decisões interlocutórias e de trinta dias, para as sentenças (II e III, nessa ordem).

O art. 307, do CPC, *sub examen*, traduz, por sua vez, particularização da regra mais ampla, estampada no art. 344 do mesmo Código, de acordo com a qual *"Se o réu não contestar a ação, será considerado revel e presumir-se-ão verdadeiras as alegações de fato formuladas pelo autor"*.

Essa presunção de veracidade, entrementes, não é absoluta, segundo demonstram os incisos I a IV, do art. 345, do CPC. Com efeito, esse preceptivo do CPC declara que a revelia não produzirá o efeito mencionado no art. 344, se: "I – havendo pluralidade de réus, algum deles contestar a ação; II – o litígio versar sobre direitos indisponíveis; III – a petição inicial não estiver acompanhada de instrumento que a lei considere indispensável à prova do ato; IV – as alegações de fato formuladas pelo autor forem inverossímeis ou estiverem em contradição com prova constante dos autos".

Examinemos essas exceções legais.

Inciso I. Havendo pluralidade de réus, algum deles contestar a ação. O inciso *sub examen* não tem o alcance que a sua expressão literal faz supor. Somente no regime litisconsorcial do tipo *unitário* é que a contestação apresentada por um dos compartes beneficiará os demais (CPC, arts. 116 e 117). A razão é compreensível: nessa modalidade de consórcio para a lide, a decisão tem que ser uniforme para todos os compartes; destarte, eventual entendimento de que a contestação oferecida por um litisconsorte não aproveitaria os demais seria aberrante e subversiva do princípio nuclear de que a lide deve ser solucionada de maneira igual para todos.

No litisconsórcio *simples,* opostamente, os atos praticados pelos litisconsortes não se comunicam, justamente porque, aqui, a decisão não precisa ser homogênea, podendo, por isso, a lide ser composta de modo diversificado para cada litisconsorte. É com vistas a esta espécie de regime litisconsorcial que se deve interpretar o princípio contido no art. 117, do CPC.

De qualquer sorte, isto é axiomático: mesmo no litisconsórcio *simples*, a omissão de um litisconsorte não prejudicará os demais. Conquanto a lei não o diga, essa regra de comedimento foi entretecida pela doutrina e consagrada pela jurisprudência.

Inciso II. O litígio versar sobre direitos indisponíveis. A norma do inciso II será reiterada pelo art. 392, *caput*, do mesmo Código.

Levando-se em consideração que estamos a cuidar dos efeitos da revelia (e das exceções legais), será rara a incidência, no processo do trabalho, do inciso II, do art.

345, pois dificilmente o réu (empregador) terá direito indisponível para ser invocado em seu benefício. Se a realidade prática, no entanto, apontar a existência de indisponibilidade de algum direito do réu, é certo que, nesta hipótese excepcional, a revelia não produzirá os efeitos que lhe são imanentes. Diante disso, caberá ao juiz ordenar que o autor especifique as provas que pretende produzir, se ainda não as houver indicado (art. 348).

A União, os Estados e os Municípios podem confessar; logo, verificam-se, quanto a eles, os efeitos da revelia.

Inciso III. A petição inicial não estiver acompanhada de instrumento que a lei considere indispensável à prova do ato. Não se produzirão os efeitos da revelia se a inicial estiver desacompanhada de instrumento que a lei considere ser da essência do ato. O CPC anterior aludia a instrumento público (art. 320, III). Cotejando-se ambas as normas, vemos que a atual, ao fazer referência genérica a *instrumento*, está a compreender tanto o público quanto o particular.

No processo do trabalho, são raros os casos em que a norma legal exige a presença instrumento público que a lei repute indispensável à prova do fato. Se, entretanto, em um caso singular, for imposta a presença de instrumento público, e a petição inicial não o trouxer, a revelia não acarretará os efeitos referidos no art. 344, do CPC.

Do ponto de vista prático, todavia, o que se deve entender da declaração enunciada pelo art. 345, do CPC, de que se ocorrer uma das hipóteses referidas por essa norma o efeito da revelia não será produzido? Essa dicção da lei significa que subsistirá, para o autor, o ônus de demonstrar a veracidade dos fatos alegados na petição inicial. Em virtude disso, deverá o juiz intimá-lo, a fim de que especifique as provas que pretende produzir, se ainda não as indicou (art. 348). Em regra, a prova será testemunhal. A documental deverá ter sido produzida com a petição inicial (CLT, art. 787; CPC, art. 320). Nem sempre, porém, as provas serão coletadas em audiência, como imaginou o legislador; situações especiais autorizam que seja produzida fora da audiência, como se dá com o exame pericial que for necessário ou indispensável.

Ocorrendo o efeito da revelia, o juiz estará autorizado a realizar o julgamento antecipado do mérito (CPC, art. 355, II), emitindo, em razão disso, a sentença *(ibidem)*. A antecipação, na espécie, decorre da desnecessidade de o processo ser submetido à fase de colheita de provas orais (depoimentos das partes, inquirição de testemunhas). Salta-se, assim, diretamente da revelia para o pronunciamento de mérito — conquanto o juiz possa proceder ao interrogatório do autor. A regra do art. 344 do CPC (assim como do art. 844, *caput*, da CLT) é de boa lógica, pois se o réu, por ser revel, não impugnou os fatos afirmados pelo autor, estes fatos se tornaram incontroversos, tornando dispensável, em virtude disso, a realização de audiência tendente a coligir as provais orais. Somente os fatos controvertidos devem ser objeto de prova (CPC, art. 374, II e III).

A declaração da lei, de que, verificado o efeito da revelia, o juiz conhecerá imediatamente do pedido, proferindo a sentença de mérito (CPC, art. 355, II), reclama alguns temperamentos, que serão a seguir expostos.

Primeiro: como advertimos inúmeras vezes, em páginas anteriores, o efeito da revelia não subtrai, por si só, o poder de o juiz do trabalho, como reitor soberano do processo (CLT, art. 765), tomar o depoimento do autor, com o propósito não apenas de melhor inteirar-se acerca dos fatos da causa, como de investigar se as declarações deste coincidem com os fatos relatados na inicial. Eventual discrepância entre as declarações do autor e os fatos lançados na inicial configurará confissão real, que, por sua vez, autorizará a neutralização do efeito da revelia, nomeadamente, para aqueles que veem nesse efeito uma presunção (relativa, por certo) de veracidade dos fatos postos na petição inaugural.

Segundo: nem sempre o juiz, mesmo verificando a ocorrência do efeito da revelia, proferirá sentença de mérito. Nada obsta que ele extinga o processo sem pronunciamento sobre as questões de fundo da demanda quando perceber que está ausente algum pressuposto de constituição ou de desenvolvimento regulares da relação processual (capacidade de ser parte, capacidade de estar em juízo; jurisdição, competência etc.) ou uma das condições da ação (legitimidade *ad causam* e interesse de agir).

O exame desses pressupostos e das condições da ação, aliás, não é uma faculdade, senão que um *dever* do magistrado, a quem cabe, por esse motivo, pronunciar-se *ex officio* sobre a matéria (CPC, art. 485, § 3.º).

Terceiro: não ocorrerá o efeito da revelia toda vez que a matéria for daquelas a que se convencionou designar, não sem uma ponta de impropriedade, como sendo "de direito", em oposição à que é constituída pelos fatos alegados pelo autor e que devam ser por este provados.

"Matéria de fato" e "matéria de direito" não são expressões que, necessariamente, se contraponham. Esta significa que a formação do convencimento do magistrado dependerá, tão somente, da interpretação que extrair das normas legais invocadas pelo autor; aquela, que os fatos, como acontecimentos da vida dotados de aptidão para produzir consequências na ordem jurídica, para serem aceitos pelo julgador devem ser provados por quem os alegou. É evidente, no entanto, que a presença de matéria "de fato" não exclui a necessidade de apreciação dos fatos sob o ângulo do direito. No âmbito das matérias de direito encontra-se, também, o pedido juridicamente *impossível*, assim considerado aquele em relação ao qual há um veto da lei quanto ao seu acolhimento judicial. Destarte, a revelia não produz o efeito que lhe é característico quando se tratar de pedido dessa natureza. A propósito, será preferível que se fale de pedido juridicamente *inatendível*, pois, em princípio, todo pedido é *possível*, do ponto de vista de sua *formulação*. O seu *acolhimento* é que se torna *impossível*.

Quarto: o efeito da revelia não dispensa a sentença de conter os três elementos estruturais exigidos por lei (CLT, art. 832; CPC, art. 489, I a III), a saber: relatório, motivação e dispositivo; especialmente a fundamentação, que é um requisito com sede na Constituição Federal (art. 93, IX). No procedimento trabalhista sumariíssimo, a lei dispensa o relatório (CLT, art. 852-I, *caput*). *De lege ferenda*, isso poderia ocorrer em relação a todo e qualquer tipo de sentença ou de acórdão.

Quinto: conquanto revel, o réu poderá ser vencedor na causa se houver um fato notório (CPC, art. 374, I) que o beneficie. É bem verdade que se pode discutir se o fato detém, ou não, o atributo de notoriedade. Notório que seja o fato, ele terá preeminência com relação ao efeito da revelia, justamente porque essa nota peculiar da notoriedade prescindirá de prova quanto à existência do fato. Um outro caso em que o revel poderá ser vencedor na causa: se o laudo pericial concluir pela inexistência de insalubridade ou de periculosidade, sendo esse o único pedido formulado pelo autor. Ocorre que, mesmo havendo revelia, a existência de insalubridade (e a classificação de seu grau) ou de periculosidade dependem de exame pericial, por força do disposto no art. 195, § 2.º, da CLT.

Sexto: nada impede que o juiz, em determinadas situações, converta o julgamento em diligência, conquanto presente o efeito da revelia, com o propósito de apurar a verdade (real) dos fatos. Não se pode ignorar que o processo do trabalho outorga ampla liberdade diretiva aos juízes (CLT, art. 765). Cuidará o magistrado, entrementes, para que a sua preocupação com o descobrimento da verdade não o afaste do dever de neutralidade, a que se encontra legalmente submetido. Assim, a mesma regra de prudência que aconselha o juiz a não decidir, de modo sistemático, contra o revel, o adverte para que não se converta em defensor dos interesses deste. Estamos convencidos de que os juízes têm sabido encontrar o indispensável ponto de equilíbrio entre essas duas situações contrastantes. Não se confundem os substantivos *descobrimento* e *descoberta*: aquele significo o ato de *descobrir* algo; esta, aquilo que foi *descoberto*.

Inciso IV. As alegações de fato formuladas pelo autor forem inverossímeis ou estiverem em contradição com prova constante dos autos. Estas causas impeditivas da produção dos efeitos inerentes à revelia constituem novidade trazida pelo CPC atual.

Alegações inverossímeis. O efeito característico da revelia é a presunção de veracidade dos fatos alegados na petição inicial. Sob essa perspectiva, ficaria difícil, em princípio, admitir-se a possibilidade de o juiz deixar de reconhecer a ocorrência desse efeito quanto o fato alegado pelo autor lhe parecer inverossímil. Não seriam inconciliáveis, dos pontos de vista lógico e jurídico, a existência dessas duas situações, significa dizer, se a revelia gera a presunção de serem verdadeiros os fatos postos na inicial, como seria possível ao juiz considerar inverossímeis os fatos que nem sequer foram contestados pelo autor? Ainda que em casos remotos, isso é acontecível. Digamos, que o autor haja alegado, na inicial, jamais ter usufruído, durante os dez anos em que trabalhou para o réu, de intervalo para repouso ou alimentação. Não é crível, segundo os ditames do senso comum, que isso tenha, efetivamente, ocorrido. Em casos como esse, caberia ao juiz tomar o depoimento do autor e, se verificar que este, muitas vezes, teve esse intervalo com a duração mínima prevista em lei, mandar apurar na fase de liquidação, mediante artigos, quantas vezes houve esse intervalo, e quantas, não. Lembremos que o senso comum designa o modo de pensar da maioria das pessoas, o conjunto dos conhecimentos adquiridos pelos seres humanos em geral, durante a vida. São conhecimentos empíricos, que, portanto, não se baseiam em métodos científicos, mas no modo comum de assimilar conhecimentos hauridos do cotidiano. São uma espécie de *máximas de experiência* que se obtém da observação daquilo que ordinariamente ocorre. Essas máximas estavam previstas no art. 335 do CPC anterior, e foram mantidas pelo CPC atual (art. 375).

Desacordo com a prova dos autos. O efeito da revelia também não ocorrerá se estiver em desacordo com a prova existente nos autos, notadamente, a documental. Se, por exemplo, o autor juntou à inicial documento pelo qual se verifica que ele se demitiu do emprego, o juiz pode não considerar a alegação do autor de que teria sido demitido sem justa causa, máxime, se ele não alegou qualquer vício de consentimento, de sua parte, na formação do aludido documento. Por outro lado, poder-se-ia ficar em dúvida sobre a possibilidade de haver nos autos documentos juntados pelo réu, quando ele for revel, vale dizer, não houver oferecido contestação. A resposta quanto a essa possibilidade é dada pelo art. 844, § 5.º, da própria CLT: se o réu (ou preposto) não comparecer à audiência, mas estiver presente o seu advogado, munido de procuração e portando contestação, não haverá revelia, devendo, por isso , o juiz aceitar a contestação e os documentos que, acaso, a instruam.

A propósito do assunto, estabelece a Súmula n. 122, do TST: *"A reclamada, ausente à audiência em que deveria apresentar defesa, é revel, ainda que presente seu advogado munido de procuração, podendo ser ilidida a revelia mediante a apresentação de atestado médico, que deverá declarar, expressamente, a impossibilidade de locomoção do empregador ou do seu preposto no dia da audiência. (primeira parte - ex-OJ n. 74 da SBDI-1 - inserida em 25.11.1996; segunda parte - ex-Súmula n. 122 - alterada pela Res. 121/2003, DJ 21.11.2003".*

Ao comentarmos, no livro: *O Processo do Trabalho e a Reforma Trabalhista* (São Paulo, LTr Editora, 2017), o § 2.º, do art. 844, da CLT, afirmamos que o TST prestaria bons serviços aos princípios jurídicos e às garantias constitucionais do processo (em especial, as da bilateralidade, do contraditório e do devido processo legal (CF, art. 5.º, incisos LIV e LV) se reformulasse o teor da Súmula n. 122, para reconhecer o direito de o advogado presente à audiência apresentar a resposta que portasse por escrito, ou formulá-la oralmente, mesmo estando ausente o preposto.

Nossas considerações, conforme vimos, acabaram sendo atendidas pelo legislador, pois o § 5.º do art. 844, da CLT, declara que mesmo não comparecendo o réu à audiência, mas estando presente o seu advogado, deverão ser aceitos a contestação e os documentos que este apresentar. A regra é de boa lógica, e justa. De boa lógica, porque, caracterizando-se a revelia pela *ausência de defesa*, não faria sentido considerar-se revel quem cuidou de elaborar contestação e levá-la a juízo; justa, porque a parte se preocupou em oferecer contestação, manifestando, desse modo, o seu *animus* de defender-se, de reagir às alegações contidas na petição inicial.

Note-se que, no caso, a aceitação da contestação e dos documentos não traduz uma *faculdade* atribuída ao magistrado, e sim, uma inequívoca *imposição*, conforme revela a redação da norma: "serão aceitos". Eventual recusa do magistrado em aceitar a contestação ou os documentos caracterizará cerceamento do exercício do direito constitucional de ampla defesa (CF, art. 5.º, LV), por forma a acarretar a nulidade do processo (CLT, art. 794). É relevante destacar, porém, que esses documentos devem ser *apresentados* pelo advogado do réu, por ocasião da audiência. O § 5.º, do art. 844, da CLT, não pode ser invocado pelo advogado para requerer ao magistrado a concessão de prazo para trazer, em prazo que lhe assinar, documentos a juízo. Está claro, pois, que o advogado deverá estar *portando* os documentos, quando da audiência em que se configurar a revelia do seu cliente, sob pena de preclusão.

À guisa de adminículo doutrinário, transcreveremos, a seguir, algumas considerações que lançamos sobre a revelia, em outro livro:

"É conveniente revermos algumas concepções do passado a respeito da revelia, para que possamos melhor entender esse acontecimento do processo.

Alguns estudiosos chegaram a identificá-la como uma rebelião ao poder do juiz. Dessa rebeldia extraía-se o fundamento para a punição do revel. Essa opinião, contudo, não pode prosperar nos tempos modernos, nos quais a resposta do réu, como afirmamos, não é obrigatória nem figura como requisito fundamental para o desenvolvimento do processo. O que se exige é que ele seja citado, vale dizer, cientificado da existência da demanda.

Chegou-se, também, a reconhecer na revelia a renúncia ao direito de defesa. Essa teoria pecou pelo excesso. Se sustentasse que a contumácia corresponderia à renúncia ao direito de resposta, poderia até ser aceitável. Falar, todavia, em renúncia ao direito de defesa importa ir além da medida, pois o conceito de defesa, como sabemos, é bem mais amplo do que o de resposta. Desde o sistema do CPC de 1939, em nosso meio se assegurou a possibilidade de o revel intervir da causa para se defender, recebendo-a no estado em que se encontre. Isso demonstra que a única renúncia capaz de ocorrer na revelia é quanto ao direito de responder, nunca de se defender.

Pensou-se, ainda, na revelia como uma espécie de desistência da faculdade de agir. Essa corrente de pensamento, conquanto tenha o mérito de aproximar-se da concepção hoje predominante, fica sem poder dar uma explicação suasória diante do fato de que essa desistência acarreta consequências processuais desfavoráveis ao revel. Conforme pudemos argumentar em defesa do conceito que formulamos anteriormente, em que pese ao fato de o exercício do direito de resposta do réu estar ligado a uma sua faculdade, isso não significa que a opção de não fazer uso dessa faculdade não lhe acarrete consequências prejudiciais. Demais, o revel não desiste da faculdade de agir, mas, apenas, de responder (contestar, no caso). Valemo-nos, aqui, das mesmas objeções que lançamos à teoria da renúncia ao direito de defesa: há excesso no seu conteúdo.

A teoria da inatividade, formulada por notáveis juristas italianos (Chiovenda, Beti), procurou explicar a revelia a partir do elemento objetivo da contumácia, desprezando, assim, o subjetivo. Para ela, portanto, a lei levaria em conta, apenas, o aspecto objetivo da revelia, que se manifestaria sob a forma de uma aceleração ou de simplificação do procedimento, em decorrência da falta do contraditório. Exatamente por isso é que essa teoria rejeitou a relevância de questões como confissão fictícia, intenção do revel, justiça da sentença, por serem de foro subjetivo. Essa concepção doutrinária, porém, não se ajusta à nossa realidade legislativa, pois a norma processual não reduz a revelia a mera simplificação do procedimento, prevendo também consequências jurídicas desfavoráveis ao revel, consubstanciadas na presunção (ainda que relativa) de veracidade dos fatos alegados pelo autor.

Nenhuma das teorias aqui expostas, como já se pode inferir, se sustenta diante de nosso sistema processual, embora sejam perfeitamente apropriadas e abalizadas para justificar sistemas vigorantes nos países de origem.

Como afirmamos, no processo civil brasileiro as partes têm deveres em face do processo, como os de expor os fatos em juízo conforme a verdade; não formular pretensões, nem alegar defesa, cientes de que são destituídas de fundamentos; não produzir provas, nem praticar atos inúteis ou desnecessários à declaração ou defesa do direito; cumprir com exatidão as decisões jurisdicionais, de natureza provisória ou final, não criar embaraços à efetivação de pronunciamentos jurisdicionais de natureza antecipatória ou final; declinar o endereço em que receberão intimações e atualizar essas informações quando for o caso; não praticar inovação ilegal no estado de fato de bem ou direito litigioso (CPC, art. 77). Devem ser mencionados, ainda, os deveres de comparecer a juízo para serem interrogadas e de responder ao que lhes for interrogado, assim como de submeter-se à inspeção judicial, de praticar o ato que lhe for determinado (art. 379, I a III); de tratar as testemunhas com urbanidade (CPC, art. 459, § 2º) e de não praticar ato atentatório à dignidade da Justiça (CPC, art. 774), entre outros.

Interessam-nos, em especial, os deveres de expor os fatos em juízo conforme a verdade (CPC, art. 77, I) e de impugnar os fatos alegados pelo autor, sob pena de serem presumidos verdadeiros (CPC, art. 341).

Quando o autor invoca a prestação da tutela jurisdicional, com o escopo de promover a defesa de um bem ou de uma utilidade da vida, ele o faz por meio de um instrumento específico de provocação dessa atividade estatal, a que se denomina petição inicial. Nesta, incumbir-lhe-á narrar os fatos dos quais extrairá, mais adiante, os pedidos. Vimos que esses fatos devem ser narrados de acordo com a verdade. Se tais fatos não correspondem à verdade, cabe ao réu impugná-los. Não o fazendo, a consequência objetiva, prevista pelo nosso sistema processual, é a presunção de veracidade dos fatos constantes da inicial. Os nossos códigos se afastaram, como se percebe, da tradição romana, segundo a qual, mesmo havendo contumácia, o autor permanecia com o ônus de comprovar os fatos alegados. Não vem ao encontro do propósito da análise que estamos a empreender se essa atitude do legislador brasileiro foi correta, ou não, embora antecipemos a nossa opinião de que foi.

À luz do processo civil de nosso País (e, por extensão, do processo do trabalho), a revelia encontra no próprio sistema a justificação (técnica, política, lógica) de sua existência, uma vez que se há um dever do autor (para cogitarmos somente dele) de expor os fatos, na petição inicial, conforme a verdade, e um dever do réu, de impugnar esses fatos, caso os repute inverídicos; é evidente que a revelia, à qual se liga a falta de depoimento do réu, implica o reconhecimento tácito, por parte deste, de que são efetivamente verdadeiros esses fatos.

Se a norma legal ordena, em nome do princípio do contraditório, que se dê ao réu a oportunidade para refutar os fatos afirmados pelo adversário, e ele nem sequer comparece a juízo para fazê-lo, é absolutamente razoável que ditos fatos tenham em seu favor a presunção, ainda que relativa (*iuris tantum*), de veracidade, pois não seria justo exigir que o autor os provasse mesmo quando o réu tenha preferido manter injustificado silêncio diante deles.

Não se trata, portanto, de rebelião ao poder do juiz, nem de renúncia ao direito de defesa, ou de desistência da faculdade de agir ou de inatividade do réu, e, sim, de quebra, por parte deste, dos deveres legais de vir a juízo, a fim de impugnar, com precisão (especificamente), os fatos narrados pelo autor e de submeter-se ao interrogatório.

Preocupam-se, alguns estudiosos, com a possibilidade de a confissão presumida, decorrente do silêncio do réu, acabar consagrando a inverdade, a mentira, sempre que os fatos expostos na inicial não forem verdadeiros. Ora, essa objeção é insustentável, seja porque se nada há nos autos, capaz de demonstrar que os fatos são falsos, seria de indagar-se com que fundamentos jurídicos se poderia alegar essa falsidade, seja porque a possibilidade de acabar prevalecendo a inverdade não é algo que decorra, com exclusividade, da revelia e da ausência de depoimento, podendo, infelizmente, ser produzida mesmo nos casos em que não ocorra a revelia, bastando, para isso, que o réu induza, por exemplo, as suas testemunhas ao falseamento da verdade.

O que o juiz deve ter em mente, nas situações de revelia (ou de ausência de depoimento do réu), é que a confissão fictícia, como o próprio adjetivo o demonstra, não constitui uma porta escancarada para a admissibilidade, como verdadeiros, dos fatos alegados pelo autor, se não que um expediente, uma fórmula objetiva (e, também, artificiosa), idealizada pelo legislador, para superar o problema acarretado por aquele que deixou de atender aos deveres de impugnar os fatos expostos pelo adversário e de submeter-se ao interrogatório. A presunção de veracidade desses fatos, enfim, não deve ser um pretexto para que o juiz renuncie ao seu poder de direção do processo e ao seu dever de investigação da verdade, mas, sim, um pano-de-fundo, que será utilizado sempre que não lhe for possível fazer aflorar, sem quebra da imparcialidade, a verdade dos fatos.

Ninguém ignora o vetusto mandamento de que juiz deve formar a sua convicção jurídica acerca dos fatos da causa com fulcro na verdade formal, que é aquela constituída nos autos (*quod non est in actis non est in mundo*); toda vez, porém, que a verdade formal não coincide com a real (os fatos, tais como existiram), essa anomalia fenomênica faz com que opinião pública realize um perigoso saque contra o prestígio dos pronunciamentos da jurisdição.

Por isso, é imprescindível que os juízes sejam comedidos na aplicação prática dos preceitos legais pertinentes à revelia e à confissão ficta, cujas existências, entretanto, se justificam, sob o aspecto pragmático, como providência para resolver situações provocadas por aquele que, sem razão alguma, pôs de lado deveres legais específicos, como os de submeter-se ao interrogatório judicial e de impugnar os fatos alegados pelo adversário.

A abreviação do procedimento, nestas hipóteses, não é um fim visado pelo legislador, senão que uma decorrência lógica da incontrovérsia que o silêncio do réu fez gerar no tocante a esses fatos. Aludimos à abreviação do procedimento porque, nos termos do art. 355, inciso II, do CPC, a revelia constitui um dos casos que autorizam o julgamento antecipado do mérito. Essa antecipação significa que o juiz poderá suprimir, no todo ou em parte, a fase de instrução oral do processo".

(...)

"Como afirmamos, no processo civil brasileiro as partes têm deveres em face do processo, como os de expor os fatos em juízo conforme a verdade; não formular pretensões, nem alegar defesa, cientes de que são destituídas de fundamentos; não produzir provas, nem praticar atos inúteis ou desnecessários à declaração ou defesa do direito; cumprir com exatidão as decisões jurisdicionais, de natureza provisória ou final, não criar embaraços à efetivação de pronunciamentos jurisdicionais de natureza antecipatória ou final; declinar o endereço em que receberão intimações e atualizar essas informações quando for o caso; não praticar inovação ilegal no estado de fato de bem ou direito litigioso (CPC, art. 77). Devem ser mencionados, ainda, os deveres de comparecer a juízo para serem interrogadas e de responder ao que lhes for interrogado, assim como de submeter-se à inspeção judicial, de praticar o ato que lhe for determinado (art. 379, I a III); de tratar as testemunhas com urbanidade (CPC, art. 459, § 2º) e de não praticar ato atentatório à dignidade da Justiça (CPC, art. 774), entre outros.

Interessam-nos, em especial, os deveres de expor os fatos em juízo conforme a verdade (CPC, art. 77, I) e de impugnar os fatos alegados pelo autor, sob pena de serem presumidos verdadeiros (CPC, art. 341).

Quando o autor invoca a prestação da tutela jurisdicional, com o escopo de promover a defesa de um bem ou de uma utilidade da vida, ele o faz por meio de um instrumento específico de provocação dessa atividade estatal, a que se denomina petição inicial. Nesta, incumbir-lhe-á narrar os fatos dos quais extrairá, mais adiante, os pedidos. Vimos que esses fatos devem ser narrados de acordo com a verdade. Se tais fatos não correspondem à verdade, cabe ao réu impugná-los. Não o fazendo, a consequência objetiva, prevista pelo nosso sistema processual, é a presunção de veracidade dos fatos constantes da inicial. Os nossos códigos se afastaram, como se percebe, da tradição romana, segundo a qual, mesmo havendo contumácia, o autor permanecia com o ônus de comprovar os fatos alegados. Não vem ao encontro do propósito da análise que estamos a empreender se essa atitude do legislador brasileiro foi correta, ou não, embora antecipemos a nossa opinião de que foi (*Petição Inicial e Resposta do Réu no Processo do Trabalho*, São Paulo: LTr Editora, 2.ª edição, 2017, págs. 327/329).

Ausente o réu (ou o preposto) à audiência inicial, e presente o seu advogado (portando procuração, contestação e documentos que são juntados aos autos), este teria direito de requerer o depoimento do autor? Nossa opinião é: não. Duas são as razões que nos conduzem a esse entendimento.

Em primeiro lugar, conforme sustentamos em vários livros anteriores, a CLT não adota o sistema de *depoimento*, e sim, o do *interrogatório*. Aquele e este não são sinônimos entre si, sob o rigor da terminologia processual.

Efetivamente, com base no próprio ordenamento processual civil vigente, podemos apontar os mais expressivos traços de dessemelhança entre o interrogatório e o depoimento:

a) enquanto o interrogatório é sempre determinado de ofício pelo juiz (CPC, art. 139, VIII), o depoimento pode, além disso, ser requerido pela *parte adversa* (CPC, art. 385);

b) o interrogatório pode ser determinado em qualquer estado do processo (CPC, art. 139, VIII); já o depoimento deve ser colhido na audiência de instrução e julgamento (CPC, art. 385);

c) *o* interrogatório tanto pode ser único quanto repetir-se mais vezes, desde que assim entenda necessário o juiz; o depoimento, em regra, é um só.

A distinção fundamental, todavia, entre um e outro está em sua *finalidade*: enquanto o *interrogatório* busca obter das partes certos *esclarecimentos* (ao juiz) sobre os fatos da causa, o *depoimento*, embora não despreze esse esclarecimento, pode acarretar a *confissão*.

Desta forma, embora o interrogatório e o depoimento tenham, no particular, um elemento comum, que é a obtenção de esclarecimento acerca dos fatos narrados nos autos, *somente este pode gerar a confissão (provocada) da parte.*

Essa distinção essencial entre ambos se manifesta, igualmente, na hipótese de ausência injustificada da parte, ou de recusa em depor. Tratando-se de *depoimento*, a parte que não comparecer, ou, comparecendo, recusar-se a depor, ensejará que se presumam verdadeiros os fatos contra ela alegados, pois se configura, na espécie, a *ficta confessio* (CPC, art. 385, § 1.º). Não se pode cogitar de confissão, todavia, se for

Cadernos de Processo do Trabalho n. 12 – Tutelas Provisórias

o caso de *interrogatório,* porquanto o juiz não tem interesse em extrair a confissão da parte. Como afirmamos em linhas anteriores, o juiz é sujeito *desinteressado* do processo. Por essa razão, compartilhamos o entendimento de Moacyr Amaral Santos (ob. cit., pág. 86), no sentido de que "*O inadimplemento desse dever, que se reflete no de outro, qual o de 'expor os fatos em juízo conforme a verdade' autoriza a aplicação de uma sanção, que todavia não é prevista no art. 343 (art. 385, do CPC de 2015)*". E conclui: "*Não nos parece aplicável a pena de confissão, do art. 343 (art. 385, do CPC de 2015), relativa ao depoimento pessoal, porque o interrogatório não tem a finalidade deste e sim apenas a de aclarar os fatos da causa*" (destacamos).

Parece-nos nítida, o quanto basta, a linha fronteiriça entre o interrogatório e o depoimento das partes, a desautorizar, com isso, que se afirme haver sinonímia processual entre ambos.

A CLT, em absoluta falta de sistematização científica, ora se refere a *depoimento* (art. 819, *caput*), ora a *interrogatório* (art. 848, *caput* e § 1º), fazendo com que o intérprete conclua, à primeira vista, que ela conferiu um tratamento *unitário* à matéria, uma vez que utiliza, indistintamente, ambos os vocábulos.

Temos para conosco que o deslinde da questiúncula deve ser buscado não pela análise isolada da significação de um e outro vocábulos, mas mediante uma visão global do problema relacionado ao comparecimento e à *audição* das partes no juízo trabalhista.

É inegável que no plano do processo do trabalho as partes *devem* comparecer à audiência: este é o comando do art. 843, *caput* da CLT, iterado pelo art. 845 do mesmo Texto. Dois podem ser apontados como os motivos determinantes dessa disposição legal: *a*) propiciar a que o magistrado (CLT, art. 846, *caput* e 850, *caput*) torne concreto o objetivo medular da Justiça do Trabalho, qual seja, a conciliação (CLT, art. 764, *caput* e §§ 1.º a 3.º); e *b*) possibilitar que sejam *ouvidas.*

Já é possível, a esta altura, estabelecer-se uma ilação parcial: o comparecimento das partes, ao juízo trabalhista (à audiência), constitui *dever legal;* consequentemente, *independe de requerimento do litigante contrário* — em que pese ao fato de, por influência do processo civil, a petição inicial e a contestação, em geral, conterem requerimento nesse sentido (o que, em verdade, é desnecessário).

Presentes as partes e frustrada a primeira proposta conciliatória, proceder-se-á a instrução processual (procedimento ordinário), *interrogando-se* os litigantes (CLT, art. 848, *caput*), após o que poderão retirar-se (§ 1.º). A menção legal ao *interrogatório* das partes poderia, de certo modo, levar a que se concluísse, desde logo, inexistir no processo do trabalho o *depoimento;* isto seria precipitado, pois, como vimos, a CLT também aludiu ao *depoimento* no art. 819, *caput*. Cumpre, portanto, que prossigamos no exame da matéria.

Diz o *caput* do art. 848 da CLT, todavia, em linguagem clara, que não havendo o acordo "seguir-se-á a instrução do processo, *podendo o presidente, ex officio ou a requerimento de qualquer Juiz temporário, interrogar os litigantes*" (realçamos). Disto resulta que: *a*) o interrogatório das partes somente poderá ocorrer por iniciativa do juiz, considerando-se que os "juízes temporários", classistas, foram eliminados da organização judiciária trabalhista. O magistrado, contudo, não está compelido a proceder ao interrogatório dos litigantes, pois este ato constitui *faculdade* sua, tanto que o legislador empregou o verbo *poder* (podendo) e não *dever* (devendo).

Dir-se-á, contudo, que o art. 820 da própria CLT, demonstra o desacerto de nossa afirmação, visto estabelecer que as partes poderão ser reinquiridas, por intermédio do juiz, a requerimento dos classistas, *"das partes,* seus representantes ou advogados" (destacamos). Convém redarguir, entretanto, em caráter proléptico, que o art. 820 deve ser entendido *em conjunto* com o art. 848. Desta forma, somente se o juiz, por iniciativa sua, efetuar o interrogatório dos litigantes é que a parte poderá *reinquirir* (*o* prefixo *re* é bastante elucidativo) a que estiver sendo interrogada. Verifica-se, assim, que o art. 848 constitui o pressuposto legal para a atuação do art. 820 da CLT, na parte em que permite a reinquirição pelos litigantes. De resto, a referência, ainda existente no texto do art. 820, da CLT, aos "juízes classistas", já não se justifica, pela mesma razão que não se justifica essa menção no art. 848.

O fato de o art. 820 estar compreendido na Seção das provas, e o 848 na da audiência de julgamento, em nada altera, *venia permissa,* os nossos argumentos, quanto mais não seja se colocarmos à frente a ausência de sistematização científica do legislador processual trabalhista, já denunciada.

Tem-se, então, uma outra inferência parcial: no processo do trabalho, ao contrário do comum, o interrogatório (ou a *audiência*) das partes é ato de iniciativa exclusiva do juiz. Nessa mesma linha de raciocínio — que sabemos colidente com a doutrina predominante —, entendemos que o indeferimento, pelo magistrado, de requerimento da parte, no sentido de determinar a intimação da outra, para vir a juízo a fim de depor, não configura restrição de defesa, não sendo, pois, causa de nulidade processual, por suposto. O mesmo se diga na hipótese de, em audiência, o juiz dispensar, *sponte* sua, o interrogatório dos litigantes, ainda que presentes.

Do conjunto desses fatos e da soma das conclusões parciais, ou intermediárias, construímos uma final: a CLT, manifestando o traço *inquisitivo* do processo que ela disciplina (nada obstante haja, também, um componente de *disponibilidade*), não previu o *depoimento das partes,* como fez o atual CPC (art. 385, mas apenas o *interrogatório* (art. 848), que é coisa distinta.

Aplicam-se ao procedimento sumariíssimo, *mutatis mutandis*, as considerações que até aqui expendemos com relação ao ordinário.

Temos plena consciência, todavia, de que esta nossa opinião – que estamos a sustentar há vários anos --, é heterodoxa, porquanto não vem sendo aceita pela doutrina e pela jurisprudência predominantes. Nossa opinião, contudo, para além do que o senso literal do art. 848, da CLT, esteja a sugerir, somente será convenientemente compreendida se foram levadas em conta as circunstâncias políticas sob as quais a CLT foi editada. Vivia-se, na altura, no terreno político e das garantias individuais, um período de exceção, imposto pela Constituição de 1937, que instituíra o denominado Estado Novo. Getúlio Vargas fechara o Congresso Nacional e impusera uma Constituição bem ao gosto da época, em que o autoritarismo, em diversos países (Alemanha, Itália, Portugal, entre outros) era a tônica. Uma das características desse regime era a concentração de poderes nas mãos das autoridades constituídas. Os magistrados do trabalho, como detentores de parcela do poder público, receberam, do legislador brasileiro, não apenas ampla liberdade na direção do processo (CLT, art. 765), como determinadas faculdades exclusivas, como a de proceder ao interrogatório das partes. Se a leitura dessa norma, da CLT, seja algo que faça surgir certa incompatibilidade com os ares democráticos que nos dias atuais, felizmente, respiramos, é algo que se pode considerar.

Em segundo, o próprio § 5.º, do art. 844, da CLT, determina quais são os atos que o advogado do revel pode praticar na audiência: juntar a contestação e documentos que, acaso, a instruam. Nada além disso. Adicionem-se a isso as considerações que expendemos quanto à dessemelhança entre depoimento pessoal e interrogatório, e ver-se-á que o referido advogado não tem direito a interrogar o autor, nem a requerer o depoimento deste. O juiz, entrementes, terá toda a liberdade (CLT, art. 765) para proceder ao interrogatório do autor, se assim desejar.

Pode ocorrer, também, de o réu oferecer contestação, mas não se manifestar, de modo preciso, sobre os fatos alegados na inicial (*princípio da impugnação específica);* neste caso, ele não será revel, embora sejam presumidos verdadeiros os fatos narrados pelo autor (art. 341), exceto se: a) não for admissível a seu respeito a confissão; b) a inicial não estiver acompanhada de instrumento que a lei considere da substância do ato; ou c) os fatos estiverem em contradição com a defesa, considerada em seu conjunto (*ibidem*, I a III).

Retornemos ao exame do § 5.º, do art. 844, da CLT, para complementá-lo. Por força do disposto nessa norma legal, como sabemos, mesmo que o réu não compareça à audiência, mas a ela esteja presente o seu advogado, regularmente constituído, o juiz deverá admitir que este junte aos autos a contestação e os documentos que estiver portando. O texto legal nada mais nos diz. É importante saber qual a atitude que, após a juntada da contestação e dos documentos, o juiz deve adotar. Em primeiro lugar, deverá, em nome do princípio do contraditório, conceder vista da contestação e dos documentos ao autor, pelo prazo que assinar. E, a partir daí, o que deverá o juiz fazer? Fará incidir o efeito da revelia? Se o fizer, estará incorrendo em manifesto equívoco, pois esse efeito somente pode ser liberados no caso de o réu ser revel. Ora, na situação que estamos a examinar, o réu não é revel, pois apresentou contestação. Pode-se imaginar que alguns juízes não aplicarão o efeito da revelia, mas consideração o réu confesso, por não haver comparecido para prestar depoimento pessoal (interrogatório). Esse procedimento será aceitável no caso das denominadas audiências *unas*. Tratando-se, entrementes, de audiência *fracionada* (inicial, instrução e julgamento), seria aberrante do bom senso considerar-se o réu confesso, sabendo-se que, por força da praxe, na audiência inicial não se colhem os depoimentos das partes, senão que o juiz somente formula a primeira proposta de conciliação (CLT, art. 846, *caput*) e, frustrada essa tentativa, abre *prazo para a formulação da defesa oral (ibidem, art. 847) ou recebe a defesa escrita (praxis).*

Estamos a asseverar, portanto que no caso de o réu não comparecer à audiência *inicial*, mas estiver presente o seu advogado, munido de procuração, o juiz, após formular a primeira proposta visando a uma solução negociada do conflito, e nisso não tendo êxito, deverá permitir a realização da defesa oral ou a apresentação da escrita, e permitir a juntada de documentos, e, em seguida, designar audiência de instrução, destinada ao depoimento das partes, à inquirição de testemunhas etc. O procedimento que estamos a sugerir pode parecer heterodoxo em face do que a realidade forense tem demonstrado, mas é necessário esclarecer que a norma do art. 844, *caput*, parte final, da CLT, só incide nos casos de audiência *una*, uma vez que, nesta, o réu deveria, efetivamente, prestar depoimento.

Em síntese: não se pode dar ao *processo da praxe* (audiência fracionada) a mesma solução que a CLT apresenta para o *processo legislado* (audiência una). O processo da praxe é uma realidade viva, que somente um rasgo de hipocrisia poderia negar. São próprios desse processo, por exemplo, a resposta escrita (exceção, contestação, reconvenção), o protesto antipreclusivo, a substituição das razões finais orais por memoriais etc.

Parágrafo único. Contestado o pedido, no prazo legal, será observado o procedimento *comum*. No processo civil, o atual CPC contém dois procedimentos: o comum e o especial. No processo do trabalho, há os procedimentos comum e sumariíssimo, embora alguns estudiosos entendam existir também o sumário, trazido pela Lei n. 5.584/70. Seja como for, o fato concreto é que em ambos os sistemas processuais há o procedimento *comum*, e é a ele que nos remete o parágrafo único do art. 307 do CPC.

Vejamos o caminho que o juiz deverá seguir no caso de o réu apresentar contestação.

Designação de audiência. O juiz designará audiência de instrução e julgamento, se houver prova (geralmente, oral) a ser produzida.

O objeto da prova, em geral, inclusive no processo cautelar, são os *fatos*; não qualquer fato, mas, por princípio, apenas os: *a)* controvertidos; *b)* relevantes; e *c)* pertinentes. Fatos *incontroversos*, por isso, não precisam ser provados (CPC, art. 374, III). Não basta, porém, que o fato seja controvertido: para que ele seja objeto de prova, impõe-se de que tenha *pertinência* à causa; a impertinência dos fatos inibe a atividade probatória. Não é ainda bastante que o fato seja controvertido e concernente à causa: insta que apresente *relevância* para as pretensões da parte. Bem andará o magistrado, portanto, se indeferir a produção de prova respeitante a fato que, embora se caracterize pela controvérsia e pela pertinência, não possua a mínima importância para a causa.

No processo cautelar (tutela de urgência) não devem ser destinatários de prova os fatos ligados ao direito material, que, porventura, o autor tenha brandido em juízo. Isso é propriedade do processo de conhecimento, de onde brotará uma sentença de mérito. Em sede cautelar, falar-se em prova dos fatos significa apontar para aqueles relacionados à situação da qual emana o risco de dano iminente e de difícil reparação ao direito do autor. Direito ao processo e não direito material, insista-se.

Afastando-se, todavia, da regra geral, o art. 374 do CPC dispensa a prova relativa a fatos: *a)* notórios; *b)* afirmados por uma parte e confessados pela outra; *c)* admitidos, no processo, como incontroversos; *d)* em cujo favor milita a presunção legal da existência ou de veracidade (incisos I a IV, nessa ordem).

Ao exame.

a) *Fatos notórios.* É largamente conhecido o aforismo do direito canônico, que acabou sendo incorporado pelo direito tradicional, conforme o qual *non probandum factum notorium* (os fatos notórios não precisam ser provados).

Está em Calamandrei a mais difundida definição de fato notório: é aquele "cujo conhecimento faz parte da cultura normal própria de determinado círculo social no tempo em que ocorre a decisão" (*Per la definizione del fatto notório. Revista,* p. 297, *apud* Santos, Moacyr Amaral. *Prova judiciária.* São Paulo: Saraiva, 1983. v. 1, p. 181). Selecionam-se, ainda, na doutrina, as seguintes definições: fatos notórios são os conhecidos em um círculo maior ou menor por uma multidão ou que são percebidos nas mesmas condições, contanto que também sejam conhecidos pelo Tribunal (Rosenberg); são os fatos conhecidos por todos ou pelo menos por um grande número de pessoas (Schonke); são os fatos conhecidos por todo mundo ou por um grande número de pessoas (*Kisch*); notório é o fato certo para a generalidade das pessoas fora da lide, ainda que no processo seja concretamente discutido (Micheli); são os que, mediante consenso humano geral, se reputam certos e indiscutíveis, seja por que pertencem à história, ou às leis naturais, ou à ciência, ou aos acontecimentos da vida pública; fala-se, além disso, de uma notoriedade mais restrita, isto é, dos fatos ordinariamente conhecidos em determinada circunscrição, de sorte que qualquer pessoa aí residente esteja em condições de dar notícias dele (Chiovenda).

Os conceitos de fato notório, como demonstram os formulados pelos autores referidos, variarão de acordo com o ponto de vista que se adote; em nenhum dos conceitos, entretanto, poderão faltar os elementos essenciais de *generalidade* e *verdade.*

Procurando justificar a desnecessidade de o fato notório ser provado, assim se expressou Lobão: "*O que é necessário é que se tenha sempre presente ao espírito o exato conceito da notoriedade, a qual consiste em ser a verdade da existência ou a inexistência do fato tão pública e tão geralmente conhecida, que a ninguém seja possível, senão por teimosia ou por capricho, negá-la ou pô-la em dúvida*" (*apud* Batalha, Wilson de Souza Campos. *Tratado de direito judiciário do trabalho.* São Paulo: LTr, 1977. p. 498), concluindo que "*Exigir-se a prova de um fato revestido de tal publicidade é o suprassumo da extravagância, ou zombar do senso humano*" (*ibidem*, p. 497).

O nó górdio da questão reside, precisamente, em fixar-se o "exato conceito de notoriedade" do fato, a que aludiu Lobão, pois esse conceito tem a caracterizá-lo uma acentuada relatividade. Veja-se que para um fato ser considerado notório não há necessidade de que com ele se tenham relacionado diretamente os integrantes de cada grupo ou círculo social: é notório que o descobrimento do Brasil se deu a 22 de abril de 1500, a despeito de não termos vivido naqueles tempos.

Cremos que o problema relacionado ao fato notório ainda não se encontra definitivamente solucionado pela doutrina; deve ser, p. ex., tido como notório o fato que, sendo conhecido pelos litigantes, não seja do conhecimento do juiz?

A prevalecer a maioria das opiniões emitidas pelos juristas há pouco mencionados, a resposta seria afirmativa. Pessoalmente, temos entendimento oposto. Se a parte a quem a notoriedade do fato *prejudica* admite a sua existência, resulta óbvio ser despiciendo perquirir se dele o juiz tem, ou não, ciência, pois a notoriedade, na hipótese, foi aceita pela parte a quem, por princípio, interessava negá-la; não admitindo, entretanto, o litigante a notoriedade do fato alegado pelo adverso (embora efetivamente o seja) e o juiz, por qualquer razão, também desconhecê-lo, como sustentar-se a afirmação de que a ignorância do julgador não implica exigência de que a notoriedade seja comprovada? A ser assim: *a)* ou o juiz diligencia no sentido de verificar se o fato é mesmo notório — e neste caso estará buscando a prova de sua existência, em contrariedade à regra posta no inc. I do art. 374 do CPC; *b)* ou o juiz deixa de realizar essa investigação e julga: 1) a favor da parte a quem a notoriedade *aproveita;* ou 2) contra ela. Na primeira hipótese, com que convicção o faria, se ele próprio, julgador, não tem cognição do fato? Na segunda, como justificar a sua atitude diante do precitado artigo do CPC, que dispensa a prova dos fatos notórios?

Lorenzo Carnelli chegou a dedicar ao assunto proveitosa monografia, na qual concluiu pela condenação do fato notório, como preceito processual, considerando-o mesmo "perigoso, de nome incorreto, discutido e discutível na sua constituição, nos seus fins e no seu alcance" (*apud* Aguiar, Pestana de. *Comentários ao CPC*. São Paulo: Revista dos Tribunais, 1977, pág. 94). O renomado jurista uruguaio tirou essa inferência após analisar a afinidade e a analogia do fato notório com outros institutos processuais e o consequente risco da ampliação do conceito de notoriedade, que, de acordo com a sua opinião, passaria a ser utilizado como fator de injustiça na averiguação da verdade, provocando, dessa maneira, uma perigosa fenda no princípio dispositivo, que informa o processo moderno no campo das provas.

b) *Fatos confessados.* Quando um dos contendores admite como verdadeiro um fato contrário ao seu interesse, que tenha sido alegado pelo adverso, aí estará configurado o fenômeno da *confissão* (CPC, arts. 374, II e 389).

Não importa que a confissão seja real (espontânea ou provocada) ou fictícia, para os efeitos processuais; o que essas modalidades podem refletir é apenas uma diversidade de *eficácias*, pois sendo as duas primeiras *reais*, os seus efeitos são muito mais eficazes do que os inerentes à última, que se trata de confissão presumida, fictícia.

Respeita a lógica e o bom senso, portanto, o inc. II do art. 374 do CPC ao dispensar a prova de um fato alegado por uma das partes e confessado pela parte contrária.

c) *Fatos incontroversos.* Ao dispensar em um de seus incisos (I), a prova dos fatos alegados por um dos litigantes e confessados pelo adversário, e, em outro (II), dos fatos admitidos no processo como incontroversos, incidiu o art. 374 do CPC, em nosso ver, em vício pleonástico, pois os fatos confessados *também são incontroversos*. Se o legislador houvesse aglutinado, em um só, os dois incisos e dito que ficavam dispensados de prova os fatos *incontroversos*, teria ganhado em síntese e prestado justa homenagem à lógica. Fica aqui a sugestão, com vistas a um aproveitamento *de lege ferenda*.

Para que a controvérsia se estabeleça, impõe-se que a parte impugne os fatos alegados pela outra; essa contestação deve ser *específica*, ou seja, formulada em relação a cada fato, como exige o art. 341 do CPC, presumindo-se verdadeiros os que não tenham sido objeto de contrariedade. Já não há lugar, pois, em face do atual CPC, para as *contestações genéricas*, que foram largamente utilizadas na vigência do Código de 1939.

d) *Fatos cuja existência ou veracidade são presumidas.* As presunções que decorrem de um processo de raciocínio lógico do juiz são designadas de *simples* (ou *comuns* ou *de homem*); as provenientes de um preceito normativo denominam-se *legais*.

As presunções requerem, para a sua constituição, o concurso de três elementos: *a)* um fato conhecido (fato-base); *b)* um fato desconhecido; *c)* um nexo de causalidade; excluem-se do campo probatório os dois últimos elementos (fato desconhecido e relação de causalidade), conquanto se possa exigir que a parte demonstre a existência do fato-base, vale dizer, do fato em que a presunção se apoia. Quem invoca, portanto, a presunção legal de existência ou de veracidade de certo fato não está obrigado a provar o *fato presumido* e sim o fato em que se calca a presunção legal. O ônus da prova incumbe, na espécie, à parte favorecida pela presunção.

São exemplos de *praesumptionis iuris* no direito do trabalho: *a)* o art. 447 da CLT, pelo qual, inexistindo acordo ou prova sobre condição essencial do contrato firmado oralmente, esta se *presume* existente como se tivessem ajustado os interessados, na conformidade dos preceitos jurídicos adequados à sua legitimidade; *b)* o parágrafo único do art. 456 da CLT, onde se lê que na falta de prova ou inexistindo cláusula expressa, entende-se (ou seja, *presume-se*) que o empregado se obrigou a todo e qualquer serviço compatível com a sua condição pessoal; *c)* o inc. I do art. 1º do Decreto-Lei n. 779, de 21 de agosto de 1979, que estabelece a *presunção* relativa de validade dos recibos de quitação ou pedidos de demissão de empregados da União, dos Estados-Membros, dos Municípios, do Distrito Federal, das autarquias ou das fundações de direito público (*sic*), "ainda que não homologados nem submetidos à assistência mencionada nos §§ 1º, 2º e 3º do art. 477 da CLT".

Esclareçamos, contudo, que os §§ 1.º e 3.º (assim como o 7.º), do art. 477, da CLT, foram expressamente revogados pelo art. 5.º, l, "*j*", da Lei n. 13.467/2017.

Dediquemos alguns escólios, agora, ao problema dos fatos que são do conhecimento *pessoal* do juiz da causa.

Um dos princípios fundamentais que norteiam a atividade do juiz na condução do processo é o da sua *imparcialidade*. Figura entre os deveres legais do juiz, de conseguinte, dispensar um tratamento isonômico, igualitário, às partes, sem propender, emotiva, ideológica ou politicamente, ou por qualquer outra razão, para este ou para aquele lado (CPC, art. 139, I).

Essa neutralidade do magistrado integra a garantia do devido processo legal, que as legislações modernas outorgam aos indivíduos. Imparcialidade tem, aqui, o alcandorado sentido de garantia de *justiça* às partes. Tão importante é essa garantia que a lei permite que a parte argua, mediante exceção, o impedimento ou a suspeição do juiz, com a finalidade de afastá-los do processo (CLT, art. 801). O fato de o atual CPC haver determinado que o impedimento e a suspeição sejam alegados em petição específica (art. 146, *caput*), vale dizer, independentemente de exceção, não altera o nosso argumento, até porque, no processo do trabalho, a lei impõe a formulação de *exceção* (CLT, art. 801). Talvez, a doutrina e a jurisprudência trabalhistas possam, mercê de uma interpretação arrojada, concluir pela aplicabilidade do art. 146 do CPC ao processo do trabalho. O próprio juiz deve, por sua iniciativa, considerar-se impedido ou suspeito — neste último caso, até mesmo por motivo de foro íntimo (CPC, art. 145, § 1º).

É justamente no dever legal de neutralidade do magistrado que se vai buscar o fulcro da proibição de que ele possa decidir com base em fatos que são do seu conhecimento *pessoal*. Afinal, o juiz não pode agir, no processo em que dirige, como *testemunha* de um dos litigantes.

Como adverte Chiovenda, se ao juiz fosse lícito decidir de acordo com a sua ciência privada dos fatos controvertidos, isso seria psicologicamente incompatível com as suas funções, porquanto estaria controlando por si as próprias observações, quando o que se lhe exige é que forme a convicção pessoal por meio do controle de observações alheias.

Nem mesmo a urgência que marca a prestação da tutela jurisdicional cautelar pode ser invocada como fundamento para o juiz emitir a providência requerida com base em fatos não comprovados nos autos, mas dos quais alega possuir conhecimento próprio; fatos cuja prova incumbia à parte que os alegou. Concedendo a medida, em tal hipótese, não estaria o magistrado atendendo à cognição sumária, que é a tônica dos procedimentos acautelatórios, e sim, valendo-se de um pretexto para esquivar-se, desautorizadamente, do seu dever legal de imparcialidade.

Fique, então, acertado: permite a lei que o juiz outorgue a medida de cautela mesmo sem audiência do réu, o que não significa poder emiti-la (ainda que com a audiência deste) com base em fatos controvertidos, não provados nos autos, que afirma, *como razão de decidir*, serem do seu conhecimento privado.

Propostas conciliatórias e razões finais. Deve o juiz, nos procedimentos atinentes às tutelas de urgência, antecedentes, formular propostas destinadas à conciliação das partes e permitir que estas aduzam razões finais?

Entendemos que sim.

O objetivo fundamental da Justiça do Trabalho é a *conciliação*, (CLT, art. 764), que dá origem à *transação* — a forma ideal de autocomposição dos litígios. Para que esse escopo seja alcançado na prática, exige a lei que o juiz formule em, no mínimo, dois momentos, propostas destinadas a fazer com que os litigantes se conciliem e transacionem, mediante concessões recíprocas (CLT, arts. 847, *caput* e 850, *caput*).

A quem pretenda objetar-nos com o argumento de que a norma processual trabalhista apenas prevê as propostas conciliatórias no processo de *conhecimento*, antecipamos que tal argumento não tem autoridade para garantir que se o processo cautelar estivesse regulado na CLT o legislador não teria determinado que o juiz buscasse, também aqui, a conciliação das partes. Ora, sendo a conciliação o propósito medular da Justiça do Trabalho, como dissemos, é razoável supor que ela não abandonaria esse objetivo no âmbito do processo cautelar. De outro ângulo, o fato de a CLT não haver feito referência a propostas conciliatórias *na execução* não pode ser oposto ao pensamento que estamos a manifestar, pois o legislador entendeu desnecessário fazer com que as partes fossem instadas à conciliação após haverem-na recusado, em duas oportunidades, no processo de conhecimento, de onde proveio o título executivo. No processo de conhecimento, como sabemos, há um ambiente propício à conciliação em virtude da incerteza subjetiva a respeito do resultado da prestação jurisdicional invocada; já o processo de execução se peculiariza pela certeza da existência do direito de uma das partes (credor), que munido de um título executivo — provimento satisfativo — deseja que o devedor seja compelido a satisfazer a correspondente obrigação consubstanciada na sentença exequenda. A execução faz desaparecer, portanto, aquelas condições favoráveis à conciliação, outrora presentes no processo de conhecimento. Sensível a isso, o legislador preferiu não fazer qualquer referência à conciliação no processo executivo, embora não a proíba, como é palmar.

Esclareça-se: não *exige* a norma legal que o juiz, na execução tente conduzir as partes a um "acordo"; este, porém, *pode* ser realizado *sponte propria* dos litigantes *"mesmo depois de encerrado o juízo conciliatório"* (CLT, art. 764, § 3º).

A própria doutrina civilista entende que o juiz deve buscar a conciliação nas ações acautelatórias de natureza jurisdicional; *a fortiori*, deve persegui-la o Juiz do Trabalho. Assim como o processo de conhecimento, o cautelar trabalhista deve ser presidido pelo princípio nuclear, que se irradia do art. 764, § 1º da CLT, segundo o qual *"... os Juízes e Tribunais do Trabalho empregarão sempre os seus bons ofícios a persuasão no sentido de uma solução conciliatória dos conflitos"* (destacamos).

Queremos deixar claro que a transação pode visar não apenas ao processo cautelar em si, mas à própria lide, que dá ou dará conteúdo ao processo principal, naqueles casos em que exista uma relação entre ambos. A composição da lide material, por intermédio de transação realizada nos autos do processo cautelar, atende aos imperativos de economia e de celeridade na dirimência dos conflitos interindividuais de interesses.

Razões finais. As razões finais, por sua vez, revelam-se imprescindíveis também nos procedimentos de tutela de urgência e de tutela de evidência. É verdade que se levássemos exclusivamente em conta que, no geral, as partes, ao aduzirem essas razões no processo de conhecimento limitam-se a reportar-se aos elementos dos autos, ficaríamos em dificuldade para justificar a importância ou a utilidade das razões finais no processo cautelar; essa atitude, no entanto, cometeria o estrabismo de ignorar aqueles casos em que as razões finais representam a oportunidade específica para a parte arguir nulidades processuais decorrentes de atos praticados na audiência, ou mesmo fora dela. Esse fato é bastante para demonstrar a imprescindibilidade de conceder-se aos demandantes o ensejo para formularem, no processo acautelatório, arguições dessa natureza e outras mais, necessárias à salvaguarda de direitos.

Apoiados nessas considerações, sentimo-nos seguros para afirmar que assim como ocorre no processo de conhecimento, a falta de oportunidade para o oferecimento de razões finais torna nulificável o processo cautelar. É lógico que estamos aqui a nos referir às cautelas *jurisdicionais*, porquanto naquelas de natureza *administrativa* não é cabível a tentativa de conciliação, diante da inexistência de litígio, de lide. Ainda assim, pensamos que se eventualmente os interessados (requerente e requerido) desejarem transacionar nos autos da cautela administrativa a respeito da matéria que constitui ou constituirá objeto de ação principal, não deverá o juiz obstar que o façam, hipótese em que o ato se aperfeiçoará como transação extrajudicial comum (Galeno Lacerda, obra cit., p. 333) — conquanto isso seja algo raro, em concreto, porquanto em certas providências dessa natureza o requerido nem sequer pode *responder* (apresentar defesa, diz a lei).

Autonomia da instrução na tutela de urgência.

A autonomia do processo cautelar (tutela de urgência) determina a autonomia da sua instrução, em cotejo com o processo principal. O objeto da prova não é o mesmo em ambos os processos. Neste, em regra, o fato probando se refere àquele do qual o autor extrai uma pretensão material; no processo cautelar, a prova é quanto ao perigo de dano iminente e de difícil reparação ao direito da parte ao processo ou de risco ao resultado útil do processo (CPC, art. 305).

O processo cautelar, além disso, satisfaz-se com a simples *verossimilhança* do direito alegado, motivo por que a instrução que lhe é própria se caracteriza por uma *summa cognitio* dos fatos; já o processo principal se empenha na busca da verdade dita *real*, utilizando-se, para tanto, de uma fase instrutória — documental e oral — minuciosa e, por isso mesmo, muito mais demorada que a do cautelar. Dizendo-se por outro modo: no processo de conhecimento, a cognição deve ser exaustiva, verticalmente aprofundada, porque o juízo que se formulará, no final, será de certeza; no processo cautelar, entretanto, a cognição é sumária, verticalmente superficial, porquanto o juízo que se formulará, no final, será de mera *probabilidade*.

São, precisamente, essas particularidades que impõem o trâmite *separado* de ambos os processos, sob pena de eventual reunião dos respectivos autos, para efeito de unificar-se a instrução, representar um golpe de morte no processo cautelar, pois o seu escopo de celeridade ficaria fatalmente comprometido por esse insensato atrelamento à natural morosidade do processo principal.

Comete, por isso, inescusável *error in procedendo*, passível de providência correcional, o juiz que, na generalidade dos casos, determina a junção dos autos da cautelar aos do processo principal, com vistas a realizar uma única instrução. A contrário senso, em alguns casos, se o apensamento não acarretar qualquer prejuízo aos propósitos da cautela, poderá ser efetuado sem receio de admoestação censória. Este é, por isso, o critério a ser adotado quando se cuida de verificar quanto à possibilidade e à conveniência de apensar-se os autos da cautelar aos da ação principal, com o fim de unificar-se a instrução de ambas.

De qualquer modo, quando for possível o apensamento da cautelar entrará na faculdade do juiz determiná-lo, ou não. O apensamento não será *das ações*, e sim,

Cadernos de Processo do Trabalho n. 12 – Tutelas Provisórias

dos autos. A ação é algo tão imaterial quanto o sentimento, a felicidade, a alegria etc.; logo, não tendo existência concreta não pode ser materialmente jungida a uma outra, ou a coisa alguma.

Sentença. Em alguns casos, a tutela provisória é concedida por meio de *decisão*; em outros, de *sentença*. A sentença emitida na ação visando à obtenção de tutela provisória de urgência cautelar, em caráter antecedente, deve, em princípio, atender aos requisitos legais para a validade e eficácia das sentenças em geral, como o mais importante dos pronunciamentos jurisdicionais. Esta nossa assertiva, no entanto, merece maiores explicações, por estar insinuando a incidência do art. 489, § 1.º, do CPC, com seu rigor exacerbado — ao menos, aos olhos do processo do trabalho. Estamos serenamente convencidos de que essa norma do processo civil deve ser repelida pelo processo do trabalho. Em primeiro lugar, por uma razão jurídica elementar e essencial: a CLT *não é omissa* sobre o tema (art. 769), como evidencia o seu art. 832. Em segundo, porque mantemos a opinião que manifestamos no livro: *A Sentença no Processo do Trabalho* (São Paulo: LTr Editora, 5.ª edição, 2017, págs. 288/292):

"O § 1.º do art. 489, do CPC, e o processo do trabalho

Este parágrafo não considera fundamentada qualquer decisão judicial, seja interlocutória, sentença ou acórdão, que incidir em uma das disposições dos seus incisos I a VI. Estamos diante de uma das mais rigorosas exigências legais, de quantas possam ter sido formuladas até aqui, para satisfazer ao requisito constitucional (CF, art. 93, IX) da fundamentação dos pronunciamentos jurisdicionais decisórios. Que nos desculpe o legislador, mas o conjunto das disposições inseridas nos referidos incisos I a VI do § 1º beiram as raias do absurdo, se considerarmos o exagerado grau de esmiuçamento analítico-argumentativo aí imposto. Não se nega que o fundamento das decisões emitidas pelos órgãos do Poder Judiciário de nosso país constitui não apenas uma exigência constitucional, mas também um imperativo do Estado Democrático de Direito, em que se funda a nossa República. Exigir-se, contudo, que as decisões interlocutórias, as sentenças e os acórdãos se submetam aos rigores dos incisos I a VI do § 1º do art. 489 do CPC, não é atender ao mandamento constitucional, nem aos ditames de um Estado Democrático de Direito, senão que entravar ou inviabilizar a prática desses atos processuais, fazendo retardar, ainda mais, o curso do procedimento. Deixo a palavra com os estudiosos do processo civil.

O art. 93, inciso IX, da Constituição Federal, exigente de que as decisões judiciais (e, também, as administrativas) sejam fundamentadas, sob de nulidade, é autoaplicável (*selfexecuting*), não necessitando, por isso, ser "regulamentada" por norma infraconstitucional. Essa "regulamentação", ademais, pondo à frente o exacerbado rigor e formalismo com que foi elaborado constitui verdadeira camisa-de-força imposta aos magistrados. A propósito, desde o Regulamento Imperial n. 737, passando pelos Códigos de Processo Civil de 1939 e de 1973, sempre se exigiu que os pronunciamentos jurisdicionais de fundo (sentença e acórdão) fossem juridicamente fundamentados, sem necessidade de detalhar-se em que consistiria essa fundamentação, vale dizer, sem vincular-se o juiz a determinados requisitos formais. É oportuno lembrar que a Primeira Turma STF, no julgamento do AI n. 797.581/ PB-AgR, sendo Relator o Ministro Ricardo Lewandowski, assentou: "*a exigência do art. 93, IX, da Constituição, não impõe que a decisão seja exaustivamente fundamentada. O que se busca é que o legislador informe de forma clara e concisa as razões do seu convencimento*". O que o preceito constitucional sobredito exige, portanto, é que o magistrado indique as razões jurídicas que influenciaram na formação do seu convencimento acerca dos fatos e demais elementos dos autos, a fim de evitar que a sua decisão seja arbitrária. Nada mais do que isso. Sob essa perspectiva, o § 1º do art. 489, do CPC, não esconde a seu caráter surrealista.

Causa-nos sobressalto, por isso, o enunciado n. 303, do IV Encontro do Fórum Permanente de Processualistas Civis, aprovado em Salvador (8 e 9.11.2013), segundo o qual *"As hipóteses descritas nos incisos do § 1º do art. 499 são exemplificativas"*! Na altura, o art. 499 do Projeto correspondia ao atual art. 489, da Lei n. 13.105/2015.

Se, na vigência do CPC de 1973, os embargos de declaração passaram a ser utilizados em larga escala, por certo, atingirão números astronômicos em decorrência das extremadas imposições do § 1º do art. 489 do CPC de 2015 para que a sentença seja considerada fundamentada. Assim afirmamos, porque um dos fundamentos legais para o oferecimento de embargos declaratórios por omissão reside no fato de a decisão incorrer *"em qualquer das condutas descritas no art. 489, § 1º"*, conforme estabelece o art. 1.022, parágrafo único, inciso II, do CPC.

Traduzindo a indignação da magistratura nacional diante dessa norma do CPC, a ANAMATRA, a AMB e a AJUFE formularam pedido de veto ao § 1º do art. 489 (e também aos arts. 12, 153 e 942), cujo pedido, infelizmente, não foi acatado. Vejam-se estes trechos da nota expedida pela ANAMATRA, no tocante às críticas formuladas à proposta de veto feita pelas três associações nacionais de magistrados:

> *"1. Diversamente do que — até levianamente — afirmaram alguns poucos dentre os muitos juristas ouvidos, os vetos propostos não têm por finalidade "diminuir o trabalho dos juízes", mas preservar-lhes a independência funcional e assegurar mínima concretude a um dos princípios norteadores do NCPC e de todos os Pactos Republicanos para o Judiciário até aqui: a duração razoável do processo. Embora esperado o ataque de setores da advocacia, lamentavelmente ele veio antes mesmo de serem conhecidas as razões alinhavadas por ANAMATRA, AMB e AJUFE. Preferiu-se, pois, o julgamento às cegas.*
>
> *2. No centro da polêmica, os vetos propostos aos parágrafos do art. 489 do NCPC guiaram-se por uma lógica jurídica comezinha: o legislador não pode restringir desarrazoadamente o conceito constitucional de fundamentação (art. 93, CF), como tampouco pode obliquamente tornar "vinculantes" súmulas, teses e orientações jurisprudenciais que constitucionalmente não o sejam. O mesmo se aplica ao art. 927.*
>
> *3. Com efeito, os §§ 2º e 3º do art. 489 e os incisos III, IV e V e § 1º do art. 927 do NCPC exorbitam do poder de conformação legislativa do Parlamento, na medida em que terão impactos severos, de forma negativa, na gestão do acervo de processos, na independência pessoal e funcional dos juízes e na própria produção de decisões judiciais em todas as esferas do país, com repercussão deletéria na razoável duração dos feitos (art. 5º, LXXVIII, da CRFB), que é reconhecidamente o Leitmotiv e um dos alicerces centrais do novo Código.*
>
> *4. À vista dos termos do art. 93, IX, da Constituição da República, o legislador entendeu por bem "regulamentar" a matéria em questão, contrariando a tradição*

secular do processo civil brasileiro — que jamais se viu "condicionado" pelo legislador quanto àquilo que seria ou não uma fundamentação sentencial suficiente —, para agora, em pleno século XXI, tolher a construção dos tribunais e estatuir ele próprio, Poder Legislativo, quais as hipóteses em que os tribunais devem considerar as decisões "não fundamentadas" (e, portanto, nulas de pleno direito, aos olhos da Constituição).

5. Ao fazê-lo, o Congresso Nacional retira do Poder Judiciário a plena autonomia para a interpretação do art. 93, IX, CRFB, travestindo-se em "intérprete autêntico" de uma cláusula constitucional de garantia que foi ditada pelo poder constituinte originário, o que chama a atenção por afrontar a própria separação harmônica entre os Poderes da República (art. 2º da CRFB). O Poder Legislativo não pode ditar ao Poder Judiciário como deve interpretar a Constituição. Esse papel cabe sumamente ao próprio Judiciário; e, em derradeira instância, ao Supremo Tribunal Federal, guardião constitucional da Carta Maior (art. 102 da CRFB). O inciso IX do art. 93/CF jamais encerrou norma jurídica de eficácia limitada ou contida, mas indubitável norma jurídica de eficácia limitada ou contida, mas indubitável norma jurídica de eficácia plena, que agora perde plenitude por uma interpretação legislativa enviesada.

6. Não bastasse, onde regulamenta impropriamente, o Congresso Nacional regulamentou de modo írrito, violando outras tantas cláusulas constitucionais. Cite-se como exemplo o inciso IV do parágrafo 1º do artigo 486 ("não enfrentar todos os argumentos deduzidos no processo capazes de, em tese, infirmar a conclusão adotada pelo julgador"), que enuncia uma utopia totalitária. Esperar que o juiz — em tempos de peticionamento eletrônico e dos impressionantes "ctrl C" e "ctrl V" — refute um a um todos os argumentos da petição inicial, da contestação e das várias peças recursais, ainda quando sejam argumentos de caráter sucessivo ou mesmo contraditórios entre si (porque será possível tê-los, p. ex., no âmbito das respostas processuais, à vista do princípio da eventualidade da defesa), tendo o juiz caminhado por uma linha lógica de decisão que obviamente exclui os outros argumentos, é exigir do agente público sobretrabalho inútil e violar obliquamente o princípio da duração razoável do processo.

7. De outra parte, quanto aos incisos V e VI do parágrafo único do mesmo art. 489, diga-se da sua quase esquizofrenia. Por tais preceitos, será nula a sentença que "se limitar a invocar precedente ou enunciado de súmula, sem identificar seus fundamentos determinantes nem demonstrar que o caso sob julgamento se ajusta àqueles fundamentos"; logo, o juiz não pode simplesmente aplicar a súmula de jurisprudência a caso que a caso que evidentemente se subsuma a ela, devendo "identificar" (enaltecer?) seus fundamentos determinantes. Mas não é só. Assim como não pode "simplesmente" decidir com base em súmula de jurisprudência de tribunais superiores, também não pode deixar de decidir conforme essa mesma súmula (o que denota, no limite, um tratamento esquizoide da matéria), porque também será nula a sentença que "deixar de seguir enunciado de súmula, jurisprudência ou precedente invocado pela parte, sem demonstrar a

*existência de distinção no caso em julgamento ou a superação do entendimento".
No limite, restará ao juiz reproduzir súmulas e enaltecê-las — conquanto não
sejam constitucionalmente vinculantes.*

*8. Essas e outras "inovações", impostas a fórceps, de uma só canetada, a toda
a Magistratura nacional, sem o necessário amadurecimento de mecanismos de
democratização dos procedimentos de uniformização de jurisprudência no âmbito
dos tribunais superiores, regionais e estaduais, não colhem a simpatia da Magistratura do Trabalho, como tampouco deveriam colhê-la de qualquer cidadão mini-
mamente cônscio das necessárias aptidões democráticas do Poder Judiciário. Por
isso, e apenas por isso, a Anamatra pediu — e segue pedindo — o veto aos referidos preceitos do NCPC, já amplamente conhecido como o "Código dos advogados". Que diga, agora, a Presidência da República.*

Paulo Luiz Schmidt

Presidente da Anamatra

(http://conjur.com.br/2015-mar-09/legislador-nao-restringir-conceito-fundamentacao-anamatra)

No que diz respeito ao processo do trabalho, sentimo-nos à vontade para
afirmar, com serenidade, que o § 1º do art. 489 do CPC é inaplicável a
este processo, porquanto a CLT não é omissa sobre o tema (art. 769). Com
efeito, dispõe o art. 832, *caput*, da CLT que a decisão deverá conter, além
do nome das partes: a) o resumo do pedido e da defesa (relatório); b)
os fundamentos da decisão (fundamentação); e c) a respetiva conclusão
(dispositivo). Ainda que se admitisse, apenas para efeito de argumentação em tese, que a CLT fosse omissa quanto ao assunto, nem por isso
seria compatível com o processo do trabalho (CLT, art. 769) a regra do
§ 1º do art. 489 do CPC. Se assim não se entender, estar-se-á reduzindo,
de maneira considerável, a quantidade de decisões interlocutórias, de
sentenças e de acórdãos emitidos pelos órgãos da Justiça do Trabalho,
em detrimento, por certo, daqueles que invocaram a prestação jurisdicional desse operoso segmento do Judiciário brasileiro. Nem devemos
ignorar o fato relevante de, no âmbito da Justiça Comum, serem poucos
os julgamentos realizados por semana ou por mês e, além disso, as iniciais conterem dois ou três pedidos, ao passo que na Justiça do Trabalho
há dezenas de julgamentos por semana ou por mês e as iniciais soem
trazer dezenas de postulações, que se refletem na extensão das correspondentes defesas. A realidade do processo do trabalho, portanto, não é
idêntica à do processo civil, de tal arte que soa a absurdo, a insensatez, a
aplicação àquele processo de norma que foi elaborada, exclusivamente,
em atenção a este. É algo como vestir roupa que havia sido feita para
outro corpo.

Nestes mais de setenta anos de vigência da CLT não nos consta que as sentenças e os acórdãos emitidos pela Justiça do Trabalho, em termos gerais,
tenham sido sem fundamentação jurídica, ou dotados de fundamentação
precária. Casos isolados não contam. A razão pela qual se exige a fundamentação das sentenças e dos acórdãos é fazer com que a decisão reflita

Cadernos de Processo do Trabalho n. 12 – Tutelas Provisórias a preeminência da ordem jurídica, e não a vontade arbitrária do magistrado. Isso é o quanto basta para satisfazer às exigências e às necessidades de um Estado de Direito, o que o § 1º do art. 489 do CPC está a impor ao magistrado — ao menos, aos olhos do processo do trabalho — não é uma fundamentação plena, e sim, a elaboração de um tratado multidisciplinar de filosofia, lógica e metafísica.

Nem ignoremos particularidade de, no procedimento sumariíssimo, o legislador haver permitido ao juiz do trabalho adotar, em cada concreto concreto, *"a decisão que reputar mais justa e equânime, atendendo aos fins sociais da lei e às exigências do bem comum"* (CLT, art. 852-I).

Estamos cientes de que haverá intensas discussões, nos planos doutrinário e jurisprudencial, sobre a incidência, ou não, no processo do trabalho, do § 1º do art. 489 do CPC. Por esse motivo, depositamos aqui, desde logo, o nosso contributo sobre o tema, tangidos pela esperança de que prevaleça a corrente de opinião desfavorável a essa incidência, a fim de que o processo do trabalho possa atender aos fins para os quais foi instituído., sem menosprezo aos imperativos de celeridade e de efetividade na prestação jurisdicional.

A aceitação do § 1º do art. 489, do CPC, implicará duro golpe naquilo que o processo do trabalho tem, verdadeiramente, de seu, no seu núcleo vital, por assim dizer. Não podemos ficar indiferentes — e, quanto menos, capitularmos — em momentos como este. Despertar é preciso. Resistir é preciso".

Interpretando-se o art. 832 da CLT à luz dos sistemas processuais mais modernos, percebe-se que "o resumo do pedido e da defesa" corresponde ao relatório; a "apreciação das provas" e "os fundamentos da decisão", à fundamentação; a "respectiva conclusão", ao dispositivo.

Isso é, a nosso ver, o quanto basta para atender à exigência do processo do trabalho, que ainda prossegue na luta contra a "complexização" que vem sofrendo, há várias décadas, pela infiltração de dispositivos do processo civil, mercê, muitas vezes, da equivocada leitura do art. 769, da CLT.

10. A efetivação da tutela

Art. 308. Efetivada a tutela cautelar, o pedido principal terá de ser formulado pelo autor no prazo de 30 (trinta) dias, caso em que será apresentado nos mesmos autos em que deduzido o pedido de tutela cautelar, não dependendo do adiantamento de novas custas processuais.

§ 1º O pedido principal pode ser formulado conjuntamente com o pedido de tutela cautelar.

§ 2º A causa de pedir poderá ser aditada no momento de formulação do pedido principal.

§ 3º Apresentado o pedido principal, as partes serão intimadas para a audiência de conciliação ou de mediação, na forma do art. 334, por seus advogados ou pessoalmente, sem necessidade de nova citação do réu.

§ 4º Não havendo autocomposição, o prazo para contestação será contado na forma do art. 335.

Caput. O prazo de trinta dias, para que o autor formule o pedido principal, será contado da *efetivação* da tutela cautelar. Note-se que a norma não se refere à *concessão* da medida. Deve-se entender por *efetivação* da tutela a prática de todos os atos, materiais ou processuais, necessários para que a tutela atinja a plenitude dos seus objetivos. Somente depois disso é que passará a fluir o prazo para que o autor formule o pedido principal. A fim de evitar zonas nebulosas quanto à definição do momento em que a tutela estaria *efetivada,* cumprirá ao magistrado: a) determinar esse momento, segundo sua convicção, e, em consequência; b) intimar o autor, para efeito de contagem do prazo mencionado.

O prazo será contado em dias úteis (CLT, art. 775, *caput*).

Sendo respeitado o prazo de trinta dias, o pedido principal será apresentado nos autos em que foi formulado o pedido de tutela cautelar. Supõe-se, por isso, que se o pedido exceder ao trintídio não será apresentado nos referidos autos. Indaga-se, entrementes: de que prazo disporá o autor, quando já ultrapassados os trinta dias? Em livro anterior (*Comentários ao Código de Processo Civil sob a Perspectiva do Processo do Trabalho,* São Paulo: LTr Editora, 2.ª edição, 2016, pág. 333) afirmamos que caberia ao magistrado fixar esse prazo. Desejamos alterar esse entendimento. O assunto é mais complexo do que nos pareceu, à primeira vista. Realmente, se o pedido principal não for formulado no prazo de trinta dias, a medida cautelar perderá a sua eficácia (CPC, art. 309, I). Como este artigo alude à perda da *eficácia* da medida, e não, à *extinção do processo cautelar,* pensamos que o pedido principal deva ser formulado nesses autos, dentro do prazo prescricional (CF, art. 7.º, XXIX), que será contado do despacho que determinou a citação do réu, no procedimento cautelar (CPC, arts. 240, § 1.º, e 306).

É evidente que o prazo de trinta dias, estabelecido pelo *caput* do art. 308, do CPC, somente se aplica à tutela cautelar requerida em caráter *antecedente; se for inci*-*dental,* não se haverá, por um motivo de ordem lógica, que cogitar desse prazo, uma vez que a ação principal (processo de conhecimento) já se encontra ajuizada.

Em qualquer caso, não haverá adiantamento de novas custas processuais, lembrando-se que o processo do trabalho possui regras próprias sobre o pagamento de custas (CLT, arts. 789 e 789-A).

§ 1º A disposição do *caput* do art. 308 pressupõe que o pedido de tutela cautelar anteceda à formulação do pedido principal. Justamente por essa razão é que o CPC a denominou de *"tutela cautelar requerida em caráter antecedente".* O § 1º desse preceptivo legal, todavia, permite ao autor formular o pedido principal *conjuntamente* com o pedido de tutela cautelar. Um e outro podem, pois, ser contemporâneos ou *simultâneos.* Caberá ao autor decidir-se a respeito. O importante é que coloque em destaque o *pedido cautelar,* sob consequência de o juiz não se dar conta da sua existência na peça inicial. A propósito, do ponto de vista da *elaboração* dos pedidos, o cautelar *antecederá* ao principal – e nessa mesma ordem deverão ser *apreciados* (cada um a seu tempo) pelo magistrado. Assim sendo, ainda que ambos sejam apresentados *simul*-*taneamente,* segundo o aspecto cronológico, a *apreciação* do pedido cautelar deverá *anteceder* ao do principal.

§ 2º A dicção legal de que a causa de pedir pode ser acrescentada no momento da formulação do pedido principal está ligada ao *caput* do artigo, e não, ao § 1.º; em relação a este, não faz sentido cogitar-se de aditamento, pois a *causa petendi* já deve estar expressa na petição. É oportuno observar que ao ingressar em juízo com o pedido cautelar, o autor deve indicar *a lide e seu fundamento*, nos termos do *caput* do art. 305, do CPC. Posteriormente, com fundamento no § 2.º do art. 308, do mesmo Código, ele poderá aditar a *causa de pedir*. É razoável presumir que o legislador tenha previsto a possibilidade de o autor aditar a *causa de pedir* quando da formulação do pedido principal por entender que ele não teria condições de indicá-la, com as minúcias necessárias, no momento em que ingressasse em juízo, com o pedido de tutela de urgência, cautelar. Nada obsta, todavia – ao contrário, tudo sugere – que a *causa petendi* seja indicada desde logo, significa dizer, no momento em que a parte elabora a petição inicial a que se refere o *caput* do art. 305, *caput*, do CPC – desde que, à evidência, disponha de tempo e de elementos para isso.

§ 3º Apresentado o pedido principal — afirma a norma — o juiz designará audiência de conciliação ou mediação, intimando as partes, pessoalmente, ou por meio de seus advogados, dispensando-se nova citação do réu. A referência que a norma em exame faz ao art. 334, do CPC, significa que a citação deve ocorrer com a antecedência mínima de vinte dias, em relação à audiência. Conforme afirmamos em linhas anteriores, entendemos que, no processo do trabalho, essa antecedência deverá ser de cinco dias, a fim de estabelecer-se simetria com o art. 841, *caput*, da CLT.

§ 4º Não havendo transação (acordo, autocomposição), o prazo para o réu contestar será contado na forma prevista pelo art. 335.

Repisamos, aqui, *mutatis mutandis*, o que escrevemos na oportunidade dos comentários ao art. 303, § 1º, inciso II do CPC: o réu será intimado para comparecer à audiência de conciliação ou mediação. A remissão que a norma *sub examen* faz ao art. 335 significa que o réu, no processo civil, poderá oferecer contestação no prazo de quinze dias. No processo do trabalho, deverá ser de cinco dias (CLT, art. 841, *caput*). O termo inicial será a data a que se referem os incisos I a III do artigo 335, do CPC. Se, nessa audiência, houver autocomposição (acordo), o processo será extinto com o cumprimento do que foi objeto da transação (CPC, art. 487, III, "b"). Não havendo acordo, o prazo para a contestação será contado da audiência ou da última sessão de conciliação (art. 335, I).

Estabelece, por outro lado, o art. 307, parágrafo único, que se o pedido for contestado no prazo legal será observado o procedimento *comum*. Por sua vez, o art. 334, que integra o procedimento comum, dispõe que a audiência será realizada com antecedência mínima de trinta dias, devendo o réu ser citado com o prazo mínimo de vinte dias. Não cremos que esse procedimento deva ser observado no âmbito da Justiça do Trabalho, por ser incompatível com o processo que nela se pratica. Basta ver que, enquanto a CLT estabelece que a audiência deva ser a primeira desimpedida, depois de cinco dias (art. 841, *caput*), o art. 334 do CPC exige que a audiência seja designada com antecedência mínima de trinta dias.

Preconizamos, diante disso, que nos domínios da Justiça do Trabalho o procedimento da tutela de urgência *cautelar*, em caráter antecedente, seja adaptado ao processo do trabalho, de tal arte que o réu seja citado para oferecer contestação em cinco dias. O mesmo dizemos quanto à tutela *antecipada*, requerida de maneira antecedente.

Em resumo, no processo do trabalho, *efetivada* a tutela cautelar: a) o autor poderá aditar a petição inicial, juntar documentos (se for o caso) e confirmar o pedido de tutela final em cinco dias, por simetria ao art. 841, *caput*, da CLT; b) o réu será intimado para comparecer à audiência, a ser designada com observância do prazo fixado no art. 841, *caput*, da CLT. Não havendo autocomposição, o réu terá o prazo de cinco dias para oferecer contestação, a ser protocolada na secretaria do juízo ou remetida eletronicamente. Com vistas a isso, não haverá necessidade de nova intimação do réu. O juiz, sendo necessário, designará audiência para a instrução oral do procedimento (depoimento das partes, inquirição das testemunhas e o mais), adução de razões finais e reiteração da proposta conciliatória. O julgamento poderá ser realizado na mesma audiência, ou em outra, especificamente marcada para esse fim.

Art. 309. Cessa a eficácia da tutela concedida em caráter antecedente, se:

I — o autor não deduzir o pedido principal no prazo legal;

II — não for efetivada dentro de 30 (trinta) dias;

III — o juiz julgar improcedente o pedido principal formulado pelo autor ou extinguir o processo sem resolução de mérito.

Parágrafo único. Se por qualquer motivo cessar a eficácia da tutela cautelar, é vedado à parte renovar o pedido, salvo sob novo fundamento.

Caput. A matéria estava prevista, de modo diverso, art. 808 do CPC revogado.

Cuida-se, aqui, de enumeração dos casos em que cessará a *eficácia* da medida deferida de modo *antecedente*.

Inciso I. Estabelece o art. 308, *caput*, que, efetivada a medida cautelar, o pedido principal deverá ser apresentado pelo requerente (nos mesmos autos) no prazo de trinta dias. Não formulado o pedido principal nesse prazo, cessará a eficácia da medida, salvo se o requerente comprovar que não atendeu ao prazo por justa causa (CPC, art. 223 § 1º).

Inciso II. A eficácia da medida também findará se ela não for efetivada dentro de trinta dias. *Efetivar*, conforme já esclarecemos, significar praticar todos os atos, materiais ou processuais, necessário ao atingimento dos objetivos da tutela concedida. É oportuno repisar que os prazos processuais são contados em dias úteis (CLT, art. 775, *caput*; CPC, art. 219).

Inciso III. Uma outra causa de cessação da eficácia da medida consistirá no fato de o juiz rejeitar os pedidos principais formulados pelo autor ou extinguir o processo, sem resolução do mérito, em que esses pedidos tenham sido deduzidos.

Esta última situação é multifacetada, devendo ser examinada sob quatro ângulos:

a) O autor é vencedor na cautelar e também na ação principal. Neste caso, a medida assecuratória concedida não apenas "passa" ao processo principal, em cujo curso mantém a sua eficácia (CPC, art. 296), como de certo modo se transforma no conteúdo do próprio provimento de mérito. Posta à frente essa particularidade, podemos afirmar que a extinção do processo principal, *com* julgamento do mérito (favorável ao autor), na verdade não determina a cessação da eficácia da cautela, como diz a lei, mas, ao contrário, torna *definitiva* a tutela do direito, iniciada com aquela medida. A "cessação" da eficácia da providência, referida no Código, deve ser interpretada, por isso, no sentido de que esse atributo da cautela se *exauriu* com a obtenção da sentença de mérito, que "absorveu" a medida de garantia.

b) O autor é vencedor na cautelar, mas vencido na ação principal. Aqui, a despeito do princípio legal de que a tutela provisória conserva a sua eficácia na pendência do processo principal (CPC, art. 296, *caput*), ela efetivamente cessa (= é cassada) com o provimento de mérito, contrário aos interesses do autor. O mesmo destino teria a medida cautelar se o processo principal fosse extinto *sem* exame do mérito; em ambas as situações contempladas neste subitem, incidiria, plenamente, o preceito declaratório contido no inc. III do art. 309 do CPC.

Indaga-se, entretanto: se o autor interpusesse recurso ordinário da sentença de mérito, isso faria com que a cautela conseguida anteriormente (mas contrastada pela sentença recorrida) mantivesse a sua eficácia, considerando-se que o processo principal continuaria "pendente", de maneira a poder-se invocar a regra insculpida no *caput* do art. 296 do CPC?

Não negamos que o art. 296 declare a permanência do provimento cautelar enquanto *pendente* a causa principal, e que a interposição regular do recurso ordinário (ou da apelação, no processo civil) tenha o efeito de preservar essa pendência. O que não nos parece possível deixar de reconhecer é que a norma legal mencionada, ao proclamar a manutenção da eficácia da cautela "na pendência do processo", esteja, logicamente, pressupondo que a sentença de mérito tenha sido *favorável* ao autor, de tal sorte que a interposição de recursos dessa sentença, *pelo réu*, não retiraria a eficácia da medida acautelatória, pois tanto o recurso ordinário trabalhista, em geral (CLT, art. 899, *caput*), quanto a apelação civil, em particular (CPC, art. 520, IV), têm efeito somente "devolutivo".

Se, ao contrário, o autor (que recebera a tutela cautelar) ficar *vencido* no processo principal, parece-nos ilógico sustentar que a medida, *mesmo assim*, manteria a sua eficácia, pois se a sentença de mérito foi desfavorável a ele, e a interposição de recurso não tem efeito *suspensivo* das consequências jurídicas que esse ato jurisdicional produz na esfera jurídica dos litigantes, a conclusão inafastável é de que prevalece a sentença de mérito, no cotejo com o decreto cautelar. Se, no sistema do processo do trabalho, o recurso possuísse efeito suspensivo da decisão a que se dirige, não estaríamos sustentando o ponto de vista que acabamos de expor.

A vingar a tese esposada por aqueles que entendem ser aplicável o disposto no art. 296, do CPC, mesmo no caso de a sentença de mérito haver sido *desfavorável* ao autor, que postulou a concessão de medida cautelar, veríamos surgir, na realidade prática do processo do trabalho, situações como estas: o empregado obtém, em sede cautelar, uma providência pela qual consegue bloquear determinada quantia existente em conta-corrente do empregador (CPC, art. 301); no prazo do art. 309, I, ingressa com a ação principal, pretendendo receber a indenização prevista no art. 479, *caput*, da CLT, pois o seu contrato de trabalho fora estabelecido *a prazo* (ou mediante "termo estipulado", como está na lei). Em sua resposta, o réu não apenas contesta esse pedido como formula *reconvenção*, visando a receber do autor-reconvindo a indenização que entende ser devida, a teor do art. 480, da CLT. A sentença de mérito *acolhe* o pedido do réu-reconvinte, fazendo com que dela o autor-reconvindo interponha recurso ordinário, admitido em seu efeito natural, que é o meramente *devolutivo* (CLT, art. 899, *caput*). Como — de acordo com a posição doutrinária de que divergimos —, *ainda assim*, a medida acautelatória conservaria sua eficácia (pois o processo principal continuaria *pendente*, por força do recurso interposto pelo autor-reconvindo) e como o réu-reconvinte poderia promover a execução provisória da sentença que lhe foi favorável, ficaríamos diante dessa situação *anômala* – para não dizer: *surrealista* – em que o vencedor na ação reconvencional, embora pudesse dar início à execução provisória do título executivo sentencial, não poderia libertar-se de um constrangimento patrimonial, representado pelo mencionado bloqueio de numerário depositado em sua conta-corrente.

Por essas e outras razões, continuamos convencidos de que o art. 296, do CPC pressupõe tenha a sentença de mérito sido impugnada *pelo réu*, por ter sido favorável ao autor.

c) O autor é vencido na cautelar e vencedor na ação principal. Neste caso, não se cogita de cessação de eficácia da medida cautelar, simplesmente por que *inexistiu* a concessão da medida. Não há lugar, portanto, para a incidência do inc. III do art. 309, do CPC. A circunstância de, em certas hipóteses, o juiz negar a providência acautelatória não significa que o autor venha, forçosamente, a ter idêntica sorte no processo principal. A cautela, p. ex., pode não ser deferida em virtude de o juiz não se convencer da configuração dos pressupostos do *fumus boni iuris* e do *periculum in mora*, muito embora o mesmo juiz possa vir, na ação de mérito, a acolher os pedidos deduzidos pelo autor. O objeto da ação cautelar é distinto do objeto da ação de mérito. Lá, colima-se obter um provimento que ponha fim à situação de *periclitância* de um direito "aparente"; aqui, deseja-se o reconhecimento da existência do direito alegado e eventual declaração dos seus efeitos.

d) O autor é vencido na ação cautelar e na principal. Também aqui não atua a regra encartada no inc. III do art. 808 do CPC; as razões coincidem com as expostas no subitem anterior: não tendo o autor êxito em seu propósito de conseguir a tutela cautelar, é óbvio que feriria ao bom senso falar-se da cessação da eficácia de uma providência que jamais foi outorgada. Distingue-se a situação em análise da que a precedeu, pelo fato de que, naquela, o autor, conquanto ficasse vencido na ação acautelatória, restou vencedor na principal, ao passo que, nesta, o seu insucesso se verificou igualmente na ação de mérito.

Outras situações poderiam ser trazidas à colação, como *v.g.*, as envolventes de medidas *liminares*; cremos, entretanto, que as examinadas bastam para ensejar uma visão razoável da amplitude e da complexidade do que temos chamado de *universo cautelar*, em que as próprias normas legais incidentes, muitas vezes, revelam-se insuficientes para disciplinar os inúmeros e quase indecifráveis "pontos negros", aí localizados.

Duas indagações devem ainda ser feitas, antes do fechamento deste item: *a)* a perda da eficácia da medida cautelar é automática, ou deve ser declarada pelo juiz?; *b)* se necessária a declaração, o juiz deve emiti-la de ofício, ou somente poderá fazê-lo a requerimento do interessado? Vejamos.

Para *Pontes de Miranda*, a perda da eficácia da providência é *ipso iure*, com o que prescinde de qualquer ato judicial declaratório, nesse aspecto (obra cit., pág. 81). *Frederico Marques*, em posição discrepante, alega que embora a cessação da medida se opere de plano, *"necessita de ato que a formalize, para que o juiz possa ordenar as diligências que devam ser praticadas em consequência de cessação de eficácia da medida antes deferida"* (*Manual de Direito Processual Civil*, São Paulo: Saraiva, 1980, vol. III).

Tomando partido nessa pendenga, julgamos que a razão esteja com *Pontes de Miranda*; atrevemo-nos mesmo a aduzir outros argumentos em prol da opinião assumida pelo notável jurista. Ora, a própria expressão literal do art. 309 do CPC coloca em evidência que a cessação da eficácia da cautela, na hipótese lá prevista, é *automática*, dá-se de plano, dispensando qualquer declaração judicial quanto a isso. É provável que se objete, como fez *Galeno Lacerda*, de que, à guisa de exemplo, um sequestro não se levanta, nem se cancela sem ordem judicial, com declaração prévia de extinção da medida, daí por que se o interessado *"comparecesse ao cartório do registro para pedir cancelamento da averbação, exibindo, apenas, certidão de que a ação principal não ingressou no prazo de trinta dias, receberia em resposta um rotundo e categórico não"*(obra cit., pág. 406).

Data venia, parece-nos que esse grande jurista confundiu o ato-fato da *extinção* da medida acautelatória — que é *automática*, vale dizer, opera-se *ipso iure* — com o ato da *comunicação*, a quem de direito, dessa extinção, com a consequente ordem (mandado) para que tudo retorne ao *status quo ante*. Para que o juiz possa ordenar essas diligências, não há necessidade — como pensa *Frederico Marques* — de ato *formalizador* da extinção; reproduzidas, na prática, quaisquer das hipóteses previstas no art. 309 do CPC (notadamente as dos incisos I e II), incumbirá ao juiz, sem emitir declaração formal da *cessação da eficácia da medida*, mandar *cientificar* o fato, como dissemos, a quem de direito, com a correspondente ordem para que cessem os efeitos da cautela, antes concedida. O mandado, na espécie, não constitui o instrumento formal da cessação da eficácia da medida, se não que o da *comunicação* da extinção dessa eficácia, contendo a ordem que se fizer necessária.

No que respeita ao inc. III da norma processual precitada, há uma singularidade: a cessação da eficácia da providência cautelar *decorre* da sentença que declara extinto o processo principal, com ou sem o julgamento do mérito. Referimo-nos à *sentença* por ser ato extintivo do processo (CPC, art. 203, § 1º). Pois bem. Ainda que a sentença extintiva do processo principal não aluda (= declare) à cessação da eficácia da cautela, uma tal cessação *não deixará de ocorrer*, porquanto a sua causa eficiente foi a sentença emitida no processo principal e não a suposta declaração que estivesse embutida nessa sentença, sobre a extinção da eficácia da cautela. Nada obsta, é certo, que a sentença, no caso, pronuncie a extinção da medida, embora isso não constitua requisito essencial à configuração desse fenômeno da medida, fica com a resposta prejudicada, em face de nosso parecer de que dita cessação independe de qualquer ato judicial declaratório. Ocorre de maneira automática, conquanto deva ser *comunicada* a quem outrora igualmente se comunicara (e ordenara), quando da concessão da cautela.

Parágrafo único. Repete-se a norma do parágrafo único do art. 808 do CPC revogado.

Qualquer que tenha sido o motivo pelo qual cessou a eficácia da medida, a lei proíbe a parte de repetir o pedido, exceto se o fizer sob novo fundamento. Esta disposição está em harmonia com a do art. 505, do mesmo Código, segundo a qual, por princípio, *"Nenhum juiz decidirá novamente as questões já decididas relativas à mesma lide"*, exceto nas situações mencionadas nos incisos I e II.

Se por qualquer motivo — diz o parágrafo único do art. 309 do CPC — cessar a medida, é proibido à parte *repetir* o pedido, exceto por novo fundamento.

O que devemos entender, para esse efeito, como "novo fundamento"?

Antes de passarmos ao estudo do assunto, devemos anotar que a locução legal "por qualquer motivo" indica que as causas de cessação da eficácia da medida cautelar não se resumem às mencionadas nos incisos I a III do art. 309, do CPC. Disto decorre que subsistirá o veto da "repetição do pedido", impresso no parágrafo único dessa norma legal, mesmo que a causa da extinção da eficácia da cautela não esteja incluída entre as previstas nos referidos incisos.

A exata apreensão do conceito de "novo fundamento" reclama breve incursão pelo terreno da coisa julgada, a fim de lembrarmos que a *res iudicata* — inclusive a formal — somente se constitui (com vistas à incidência do parágrafo único do art. 309 do CPC) se presente a tríade de elementos essenciais da relação jurídica posta em juízo, a saber: *a)* pessoas; *b)* objeto; e *c)* causa. Como é fácil de ver, o fundamento (de fato ou de direito) pertence à causa.

Fixado esse entendimento, percebe-se que o Código proíbe o ajuizamento da ação cautelar (e de ações em geral) cujos elementos (pessoas, objeto e causa) coincidam com os da ação anterior, tanto que fala em "renovar o pedido", ou seja, em voltar o autor com *a mesma* pretensão.

Segue-se, portanto, que ao permitir o ingresso de ação acautelatória "por novo fundamento", o parágrafo único do art. 309 do Código está, na realidade, tendo em conta *uma ação distinta da anterior*, por não existir, entre uma e outra, identidade de *fundamentos*, ou de *causas*. É conveniente aclarar que a proibição legal não está circunscrita à matéria de fato; sendo assim, é também defeso à parte retornar com a ação acautelatória mesmo por *novo fundamento jurídico*, salvo se esse fundamento decorrer de *lei nova*. Insistindo: cessada a eficácia da providência cautelar, a parte não poderá intentar, outra vez, a ação mesmo que com fundamento jurídico diverso do anterior e extraído de um ordenamento jurídico que não sofreu qualquer alteração entre o ajuizamento da primeira e o da segunda ação. Apenas se lei *nova* surgir é que a parte estará autorizada a invocar, novamente, a tutela cautelar.

Essa lei posterior, aliás, inspira-nos a defender a ideia, há pouco manifestada, de que a segunda ação não traduz a mera *repetição* da anterior, tratando-se, em rigor, de *outra ação*, vale dizer, de ação diversa da precedente.

Um detalhe importante é pinçado por *Galeno Lacerda*: a vedação legal à possibilidade de reproduzir a ação cautelar pressupõe a permanência e a identidade da ação principal: "*Se esta variar, tratar-se-á de nova cautela, ou se o direito do autor, que decaiu da medida, for reconhecido pela sentença, nada impede se renove a providência para efeitos de execução. Seria absurdo, em tal hipótese, manter-se a sanção primitiva, com risco de impossibilitar a realização da própria vontade estatal, presente no comando da sentença*"(obra cit., pág. 411).

> Art. 310. O indeferimento da tutela cautelar não obsta a que a parte formule o pedido principal, nem influi no julgamento desse, salvo se o motivo do indeferimento for o reconhecimento de decadência ou de prescrição.

Ainda que o juiz rejeite a concessão da medida tutelar cautelar, a parte poderá ingressar com o pedido principal sem que aquele indeferimento influa no julgamento do pedido de mérito. O princípio a ser observado, portanto, é o da *autonomia* dos pedidos deduzidos em ambas as ações. Os raros casos em que, por exceção, o indeferimento repercutirá no julgamento do pedido principal serão quando o juiz pronunciar a prescrição ou a decadência.

Realmente, se o direito material a ser objeto do pedido principal estiver fulminado pela prescrição extintiva ou pela decadência, de nenhuma utilidade prática seria a concessão de medida cautelar (tutela de urgência) desse direito. Por um critério essencialmente pragmático, o legislador veta a possibilidade de a parte repetir o pedido de medida decorrente de tutela de urgência quando estas tiverem sido rejeitadas com fundamento em prescrição ou em decadência.

Embora, em linhas transatas, tenhamos indagado sobre a possibilidade de o juiz do trabalho pronunciar, *ex officio*, a prescrição, desejamos, nesta quadra de nossa exposição, reiterar o entendimento de que isso é possível. Em um plano ideal, poder-se-ia sustentar que a prescrição liberatória não deveria existir no processo do trabalho. O fato concreto, todavia, é que a própria Constituição da República a admite (art. 7.º, XXIX), inserindo-a, aliás, curiosamente, no capítulo dos *Direitos Sociais*. Pois seja. Tradicionalmente, as normas legais permitiam ao juiz pronunciar, de ofício, a *decadência*, mas não, a *prescrição*. Posteriormente, uma alteração introduzida no art. 219, § 5.º, do CPC de 1973, *determinou* que o juiz pronunciasse, por sua iniciativa, a *praescriptio*. Isso significou que o legislador colocou a prescrição no mesmo nível da decadência, ou seja, considerou-a como matéria de ordem pública. O CPC de 2015 manteve essa linha de autorização ou determinação, conforme revela o § 1.º do art. 332. Se dúvida poderia haver quanto à incidência dessa disposição do CPC no processo do trabalho, essa hesitação da inteligência desapareceu com a Lei n. 13.467/2017, que inseriu o art. 11-A, na CLT, permitindo ao juiz pronunciar, *ex officio*, a prescrição *intercorrente*. Tal como afirmamos em outra página, seria render culto ao ilogismo supor que o magistrado somente pudesse pronunciar, por sua iniciativa, essa espécie de prescrição que se forma no curso do processo, mas não, a antecedente ao processo, a que podemos denominar de *prescrição ordinária*.

|Capítulo III|

DA TUTELA DA EVIDÊNCIA

Art. 311. A tutela da evidência será concedida, independentemente da demonstração de perigo de dano ou de risco ao resultado útil do processo, quando:

I — ficar caracterizado o abuso do direito de defesa ou o manifesto propósito protelatório da parte;

II — as alegações de fato puderem ser comprovadas apenas documentalmente e houver tese firmada em julgamento de casos repetitivos ou em súmula vinculante;

III — se tratar de pedido reipersecutório fundado em prova documental adequada do contrato de depósito, caso em que será decretada a ordem de entrega do objeto custodiado, sob cominação de multa;

IV — a petição inicial for instruída com prova documental suficiente dos fatos constitutivos do direito do autor, a que o réu não oponha prova capaz de gerar dúvida razoável.

Parágrafo único. Nas hipóteses dos incisos II e III, o juiz poderá decidir liminarmente.

Caput. O assunto era, parcialmente, regulado pelo art. 273 do CPC revogado sob o nominativo de *antecipação da tutela*.

Foi preciso o legislador ao usar as expressões tutela *de* urgência e tutela *da* evidência. No primeiro caso, a preposição *de* sugere a noção de algo vinculado a uma fumaça (*fumus*) de direito, a algo que *poderá* acontecer; já a contração da preposição *de* com o artigo definido *a*, formando a preposição *da*, induz à ideia de algo concreto, perceptível aos olhos, evidente.

Justamente por isso, a tutela *da evidência* será concedida mesmo que não haja: a) *perigo de dano (periculum in mora)* ou b) de *risco ao resultado útil do processo*, elementos inerentes às tutelas *de urgência* (CPC, art. 300, *caput*).

Os incisos do art. 311 indicam as situações que autorizam a concessão de medidas derivantes das tutelas da evidência. Essas situações não são cumulativas; basta, pois, a presença de uma delas para que a tutela seja concedida. Passemos a examiná-las.

Inciso I. O processo, como método ou instrumento estatal de solução de conflitos de interesses ocorrentes entre os indivíduos e as coletividades, ou entre uns e outros, possui um conteúdo acentuadamente ético, impondo, em razão disso, um comportamento das partes e de terceiros em consonância com esse substrato. É em nome da preservação dessa substância ética do processo que se erigiram as figuras da litigância de má-fé (art. 80), do ato atentatório à dignidade da justiça (art. 774) e o ilícito da fraude à execução (art. 792), entre outras. Não deixa de constituir emanação do conteúdo ético do processo, também, a determinação para que o juiz, convencendo-se de que as partes se valem desse instrumento estatal para praticar ato simulado ou conseguir fim vedado por lei, profira decisão impeditiva desse objetivo, aplicando às partes, *ex officio*, as penalidades da litigância de má-fé (CPC, art. 142).

É, ainda, em atenção ao conteúdo ético do processo que a lei permite ao juiz conceder tutela da evidência quando o requerido estiver *abusando do direito de defesa* ou *empreendendo manobras protelatórias do curso processual*. Se, de um ponto, é inegável que o direito de ampla defesa constitui garantia constitucional (CF, art. 5º, LV), de outro, o *abuso* desse direito implica malferimento do substrato ético do processo, por forma a autorizar o magistrado, como salientamos, a deferir a tutela da evidência. Neste caso, a tutela não leva em conta o perigo de dano ou o risco ao resultado útil do processo, mas a *conduta* do réu, incompatível com os padrões éticos e com os deveres processuais (art. 77). Desse modo, outorga-se a tutela *da evidência*, não para satisfazer eventual direito do autor, e sim, para *punir* a atitude do réu.

Podem configurar abuso do direito de defesa – por parte do réu – para os efeitos do inciso I, do art. 311, do CPC, dentre outros: a) esquivar-se à citação; b) prestar, intencionalmente, informações incorretas; c) formular contestação destituída de qualquer fundamento jurídico; c) subtrair documento dos autos; d) provocar incidentes infundados. Podemos afirmar, enfim, que as situações caracterizadoras de litigância de má-fé, previstas no art. 80, do CPC, traduzem, *ipso facto*, abuso do direito de defesa, conquanto não sejam as únicas que se prestem a isso.

O fato de o juiz haver concedido a tutela da evidência com fulcro no inciso em exame não significa, necessariamente, que na decisão final (sentença) ele irá julgar de modo contrário aos interesses do réu. Devemos rememorar que a tutela da evidência não é definitiva, pois constitui espécie do gênero *tutela provisória*. Somente a tutela antecipada concedida em caráter antecedente (art. 303, *caput*) pode ter o atributo da *estabilidade* (art. 304). Em síntese, na situação prevista no inciso I do art. 311 o juiz, por meio de concessão da tutela da evidência, limita-se a punir o réu (acolhendo o pedido formulado pelo autor) em decorrência do seu comportamento antiético. A sentença, entretanto, poderá ser contrária ou favorável ao réu, conforme venha ser o convencimento do juiz acerca da veracidade dos fatos alegados pelas partes e da maneira como se desincumbiram do encargo probatório que lhes atribui a lei.

É evidente que a concessão da tutela pressupõe que o pedido formulado pelo autor, na inicial, não se inclua na esfera daqueles a que a doutrina e a jurisprudência denominam de *juridicamente impossíveis*. É por esse motivo, entre outros, que o autor deve, já na peça de provocação da atividade jurisdicional, indicar o *direito* que pretende ver tutelado. A mesma imposição constava do inciso II do art. 273 do CPC anterior.

Se, por algum motivo, o juiz, antes mesmo da emissão da sentença de mérito, perceber, de um lado, que o autor não possui o direito material alegado (está pretendendo, digamos, obter o reconhecimento de relação de emprego com a União, sem haver prestado concurso público e sem se ajustar às exceções previstas no art. 37, II, da Constituição Federal), e, de outro, que o réu está abusando do seu direito de defesa ou empreendendo manobras procrastinatórias, que atitude deverá adotar? Segundo entendemos, como não pode conceder a tutela da evidência (pois a única evidência é de que o autor *não possui o direito alegado*), deverá proceder ao julgamento antecipado do mérito (CPC, art. 355, I), rejeitando os pedidos formulados pelo autor (CPC, art. 490), e condenando o réu por litigância de má-fé (CPC, arts. 79 a 81), no que couber.

Inciso II. Os pressupostos legais para a concessão da tutela de evidência são estes: a) a petição inicial estar instruída com documentos que comprovem, de maneira irrefutável, os fatos alegados pelo autor; e b) haver tese firmada em julgamento de casos repetitivos; c) ou em súmula vinculativa. Podemos inserir, também, d) a possibilidade jurídica do pedido; e) as decisões do STF no controle concentrado de constitucionalidade (CPC, art. 927, I); f) os acórdãos em incidente de assunção de competência (CPC, art. 927, III); g) os enunciados das Súmulas do STF em matéria constitucional e do STJ em matéria infraconstitucional (CPC, art. 927, IV). São pressupostos de natureza objetiva, e *não cumulativos.*

Fatos só puderem ser comprovados documentalmente. Algumas observações acerca deste requisito devem ser expendidas. Em primeiro lugar, apenas serão considerados, para os efeitos na norma legal em estudo, os fatos que devam ser comprovados, de maneira exclusiva, por meio de documentos, como seria o caso, por exemplo, no processo do trabalho, do pagamento de salários (CLT, art. 464). Em segundo, pressupõe-se que o documento não tenha sido validamente impugnado, nem sido objeto do incidente de falsidade, a que se refere o art. 430, do CPC.

Tese em casos repetitivos. A tutela da evidência também será concedida, sem necessidade de demonstração de perigo de dano ou de risco ao resultado útil do processo, quando houver tese firmada em julgamento de casos repetitivos. O incidente de resolução de demandas repetitivas é regido pelo art. 976 a 987, do CPC.

Súmulas vinculativas. De igual modo, dispensar-se-á a demonstração de dano ou de risco ao resultado útil do processo se houver súmula vinculativa sobre o tema. As denominadas súmulas "vinculantes" foram instituídas pela Emenda n. 45/2004, que inseriu o art. 103-A na Constituição da República. O adjetivo *vinculantes* foi por nós aspado por não se encontrar (ainda) dicionarizado. O que há é *vinculativa* ou *vinculatória.*

A partir da publicação na imprensa oficial, a súmula terá efeito vinculativo dos demais órgãos do Poder Judiciário e da administração pública direta e indireta, nas esferas federal, estadual e municipal.

Pedido juridicamente possível. Exige-se que o pedido esteja amparado pelo ordenamento jurídico. Se houver, na lei, ao contrário, um *veto* à formulação de determinado pedido, este será, tecnicamente, considerado juridicamente impossível. Melhor seria que dissesse juridicamente *inatendível*, pois a *formulação* do pedido, em tese, é (materialmente) *possível*, embora o seu *acolhimento* seja obstado por norma legal.

Inciso III. A Justiça do Trabalho não possui competência para apreciar ação reipersecutória tendo como objeto contrato de depósito. Diz-se que a ação é reipersecutória porque por meio dela o autor busca a restituição de um bem que lhe pertence e que se encontra fora do seu patrimônio.

Inciso IV. Se a petição inicial estiver acompanhada de documento capaz de provar, de maneira "suficiente", os fatos constitutivos do direito do autor, a que o réu não oponha prova capaz de infundir dúvida razoável no espírito do juiz, este poderá conceder a tutela da evidência mesmo que não haja demonstração de perigo de dano ou de risco ao resultado útil do processo. Não basta, portanto, que o documento se revele como prova suficiente, idônea, dos fatos constitutivos do direito do autor: é absolutamente necessário que o réu não oponha ao documento prova capaz de gerar dúvida razoável no espírito do magistrado. Cuida-se, aqui, de prova, exclusivamente, documental, vale dizer, pré-constituída.

Neste caso, juiz, antes de conceder a tutela, deverá citar o autor, para que se pronuncie sobre a inicial e os documentos que a instruem.

É relevante esclarecer que as situações previstas nos incisos I a IV, do art. 311, do CPC (além das que foram por nós acrescentadas), não são cumulativas. Sendo assim, basta a presença de uma delas para que o juiz esteja autorizado a conceder a tutela da evidência.

Parágrafo único. Nas situações previstas nos incisos II e III, o juiz poderá conceder a tutela *in limine*, vale dizer, antes de ser apresentada a contestação. Como a matéria de que se ocupa o inciso III não se insere na competência da Justiça do Trabalho, resta o inciso II. De qualquer forma, a concessão da medida constituirá *faculdade* do juiz, não se traduzindo, pois, em direito subjetivo processual do autor a obtenção da tutela liminar. Note-se, que enquanto o *caput* do art. 311 afirma que a tutela *será* concedia (caráter imperativo), o parágrafo único dispõe que a concessão *poderá* (caráter facultativo) ser deferida, liminarmente, nos casos ali previstos.

Nos termos do parágrafo único do art. 311, portanto, as situações mencionadas no inciso I (abuso do direito de defesa ou manifesto objetivo protelatório) não autorizam o juiz a conceder, *in limine*, a tutela da evidência. Temos, no entanto, uma ponderação a fazer. No caso específico de o réu estar a adotar, de forma manifesta, atitude protelatória do processo, entendemos que o juiz poderá conceder, liminarmente, a tutela, ou seja, sem que a contestação tenha sido apresentada. Digamos que o réu esteja, de modo evidente, se esquivando à própria citação, fazendo com que o tramite processual fique prejudicado. Situações como essa, a nosso ver, autorizam o juiz a conceder a tutela, desde logo (contanto que seja *requerida*: CPC, art. 299, *caput*), como providência destinada a punir esse comportamento antiético do réu, e a demovê-lo de seu intento.

No caso do inciso IV, há uma razão lógica para o veto legal à possibilidade de o magistrado conceder a tutela, *in limine:* como a norma legal pressupõe o fato de o réu não haver oposto *"prova capaz de gerar dúvida razoável"* a respeito da prova documental que instrui a petição inicial, é evidente que o juiz *antes* de pensar em conceder a tutela ao autor, deverá mandar citar o réu para manifestar-se sobre esses documentos.

|Capítulo IV|

Tutelas provisórias, julgamento antecipado integral do mérito e julgamento antecipado parcial do mérito.

O art. 355, do CPC, permite ao juiz realizar o *julgamento antecipado (e integral) do mérito* nos casos em que:

a) não houver necessidade de produção de outras provas;

b) o réu for revel, ocorrer o efeito da revelia e não existir requerimento de prova (incisos I e II, nessa ordem).

Desnecessidade de outras provas. O primeiro desses casos é quando a partes informarem que não pretendem produzir *outras* provas. Isso significa que provas *foram produzidas* nos autos. A não se entender assim, não faria sentido o emprego do adjetivo *outras.* Deste modo, como já existem provas suficientes nos autos, não há necessidade de serem produzidas *outras*. É certo que o assunto não é tão simples quanto possa supor, pois deve ser indagado: quem decide quanto à *desnecessidade* de outras provas? As partes? O juiz? Tanto aquelas quanto este. Tudo dependerá de cada caso concreto. Haverá situações em que as próprias partes dirão dessa desnecessidade; e outras, em que cumprirá ao juiz formular essa declaração (CLT, art. 765). É evidente que se as partes discordarem dessa decisão do magistrado poderão alegar nulidade processual decorrente da restrição do direito de defesa dos seus direitos e interesses processuais, desde que se sintam aptas para comprovar o manifesto prejuízo derivante desse ato judicial (CLT, art. 794).

Embora o inciso I do art. 355, do CPC, conforme vimos, se refira à desnecessidade de produção de *outras* provas, o julgamento antecipado integral do mérito poderá ocorrer mesmo quando não houver necessidade de produção de *nenhuma* prova, seja por tratar-se da denominada *matéria de direito*, seja por estar-se diante de *fato notório* (CPC, art. 274, I).

Se as partes informarem que não têm outras provas a produzir, além das contidas nos autos, o juiz poderá julgar o mérito em detrimento da parte sobre a qual incide o *onus probandi*, e desse encargo processual não se tenha desincumbido.

É importante ressaltar que, sob a óptica do processo do trabalho, o julgamento antecipado integral do mérito não poderá prescindir das propostas conciliatórias e das razões finais, sob pena de nulidade processual.

Revelia. Outra situação que autoriza o julgamento antecipado integral do mérito é o da revelia. Não basta, entretanto, que o réu seja revel: é indispensável que tenha ocorrido o efeito da revelia, qual seja, a presunção de veracidade dos fatos alegados na inicial (art. 344), e que o réu não haja requerido a produção de provas, conforme lhe permite o art. 349. O art. 345 do CPC indica os casos em que a revelia não produz o seu efeito.

Não se verificando o efeito da revelia, o ônus da prova, em princípio, permanece com o autor, razão pela qual o juiz mandará intimá-lo para que especifique as provas que deseja produzir, se ainda não fez essa indicação (art. 348).

O art. 332 do CPC revela, de certa forma, outra situação em que ocorre o de julgamento *antecipado* do mérito (art. 355), embora se refira à "improcedência" *liminar* do pedido. A diferença está em que na "improcedência" prevista no art. 332 o julgamento ocorrerá sem que o réu tenha sido citado, ao passo que o art. 355 pressupõe a existência de citação. Além disso, no caso do art. 332 a causa dispensa, expressamente, a *fase instrutória*, enquanto o art. 355 diz da desnecessidade de serem produzidas *outras* provas.

O art. 356, do CPC, por sua vez, autoriza o juiz a proceder ao *julgamento antecipado parcial* do mérito quando este:

a) mostrar-se incontroverso;

b) estiver em condições de imediato julgamento, nos termos do art. 355.

Incontroverso é o pedido não contestado e, quando for o caso, também os fatos em que ele se funda. Dispõe a esse respeito o art. 341, do mesmo Código, incumbir ao réu manifestar-se, de maneira precisa, sobre as alegações contidas na petição inicial, "presumindo-se verdadeiras as não impugnadas". Cuida-se, aqui, do princípio da impugnação específica (ou especificada) dos fatos. Se o réu contestar os fatos alegados na inicial, mas, na oportunidade do seu depoimento, reconhecer como verdadeiros os fatos alegados naquela peça, estará confessando (CPC, art. 389), fazendo com seja dispensada produção de outras provas acerca dos fatos confessados, pois estes se tornaram incontroversos (CPC, art. 374, II e III).

Em condições de imediato julgamento. A causa estará em condições de imediato julgamento, para os efeitos do artigo em exame, quando não houver necessidade de produção de provas (ou de outras provas) ou quando ocorrer o efeito da revelia (art. 355). Devemos chamar a atenção ao fato de que, no primeiro caso, sob a perspectiva do processo do trabalho a causa só estará em *condições de ser julgada* após a formulação de propostas visando à solução consensual do conflito e a apresentação de razões finais (CLT, arts. 846, § 1.º, e 850, *caput*).

Nada obsta a que, nas situações previstas pelos arts. 355 e 356, do CPC, o juiz, a requerimento da parte (CPC, art. 299), conceda tutela provisória, seja em caráter antecedente, seja em caráter incidental, desde que se encontrem presentes os pressupostos legais.

O que distingue o julgamento *parcial* do mérito, do julgamento *integral*, é a extensão da projeção do correspondente pronunciamento jurisdicional sobre o conjunto dos fatos e dos pedidos. Sob certo aspecto, contudo, os requisitos legais para julgamento integral, ou para julgamento parcial, não apresentam diferenças profundas (arts. 355 e 356, respectivamente).